碓井光明 著

民間団体認定制度

行政法研究余滴 I

信山社
SHINZANSHA

はしがき

　私たちは，無数の認定制度の中で生活している。

　先に，筆者は，行政機関が行う認定という行為を収集して『行政認定制度』の
タイトルの著書を執筆した。それは信山社より出版された。その執筆の過程にお
いて，行政機関のみならず，民間団体も，無数の自主的な認定を実施しており，
それが社会において大きな役割を果たしていることを強く感じた。

　たとえば，国家資格以外に，民間資格の取得に向けて学習する人が多いことは
よく知られている。所定の試験の合格や研修を受けたことにより資格の認定がな
されることが多い。医学系の学会等の認定した専門医の認定証は，医院の待合室
に掲出されているし，広告・宣伝の機能も発揮している。様々な資格の認定の中
には，認定を行う団体としての認定を受けた教育機関ないし認定を受けた教育
コースの所定の科目の修得等を認定要件とすることもある。認定団体と教育機関
（大学，専門学校等）との連携もみられる。

　このような認定制度は，行政機関の認定制度を補完すると同時に，民間の創意
工夫として，独自の意義を有することも少なくない。先の著書『行政認定制度』
は，「行政法の森の散歩」として，行政法の目からの散策の成果であった。これ
に対して民間団体による認定制度は，どう見ても，行政法の範疇というわけには
いかない。本書は，筆者の先の行政法の森の散歩の過程において，その傍らにあ
る民間団体の認定制度に気づき拾い集めたものにすぎない。そこで，誤解を招く
ことを覚悟で「行政法研究余滴」とした。行政法の書物として手にされる方は，
その内容にがっかりされるであろう。民間団体の認定に関する単なるガイドブッ
クであるとも評されるであろう。巻末の事項索引を活用されるならば，本書は，
まさにガイドブックであるといえそうである。

　しかし，研究を意識されないで本書を読み進まれるならば，改めて無数の民間
団体の認定制度があることを認識され，狭くは，本書の情報を基にいくつかの資
格の認定を受けようと決意する人がおられるであろう。また，本書は，どのよう
な認定資格を有する者のカウンセリングや指導を受けるべきかを人びとが判断す

るのに役立つことも期待される。あるいは，一念発起して，新たな認定制度を立ち上げたいと考える人も登場するかもしれない。筆者の個人的な願望としては，公共契約の専門資格の認定制度を設けることなどが脳裏をかすめている。もちろん広くは，日本社会の在り方を考えるきっかけを得られる人もおられるものと思われる。

このように，本書の活用の仕方は多様であると見込まれる。それぞれの読者が，それぞれの利用の仕方を考えていただきたい。

ところで，本書は，ほとんどを認定を実施している民間団体のホームページの記述に頼っている。ホームページ内の文章をそのまま本書の本文に組み込んでいる箇所もある。しかも，ホームページの URL の表示をしていない箇所も多い。閲覧日は全く記していない。この点は，厳密な研究者倫理との関係において問題がないわけではないが，研究書ではないという本書の性格及び当該民間団体の名称を明記してあることで，読者にはご了解願いたいと思う。

前著に続いて，本書の出版を引き受けていただいた信山社の今井貴社長をはじめ，同社の皆様，とりわけ柴田尚到さんに御礼を申し上げたい。

令和 2 年 10 月

碓 井 光 明

目　次

序　章　民間団体による認定制度に注目を

1　民間団体による認定

　社会管理機能の一環としての認定　今日，各種の認定制度があふれている。もちろん行政機関自体による認定制度（＝行政認定制度）が多数ある。筆者は，先に，行政認定制度を集めてみる機会をもった[1]。独立行政法人や代行的指定認定機関による認定制度も，その延長上に位置付けることができる。行政機関が民間団体と連携して認定する仕組みは，新型コロナ対策の場面においても活用されている。たとえば，群馬県は，各業界団体が作成した感染症対策ガイドラインに基づいた感染症対策を実施する店舗を「ストップコロナ！対策認定店」として認定している。商工会議所等は，申請書の受付けにも協力している。しかし，今日においては，民間団体による独自の認定制度も，少なくない。そこで思い起こされるのは，遠藤博也教授が唱えられた，「社会管理機能」の議論である。遠藤博也教授は，「制度の枠をとり払ったとき，行政とは何かといえば，国家作用の一つではなく，社会管理機能であるといえよう」と述べられ，「近代行政法の対象となる行政が国家作用の一つとされることは，社会管理機能が国家に集中されていることを意味する」とされた[2]。

　この考え方をヒントにするならば，認定制度のなかには，国家の枠に集中されていない社会管理機能の部分が相当程度存在し，社会管理機能が民間団体によって担われていることを意味する。社会管理機能を国や地方公共団体が独占する場面が，これまでの行政法の研究対象であったといってよい。許認可制度は，その典型である。これに対して，認定制度は，行政機関によるものと民間団体による

1）碓井光明『行政認定制度　行政法の森の散歩Ⅰ』（信山社，令和2年）。
2）遠藤博也『行政法Ⅱ（各論）』（青林書院，昭和52年）8頁。

ものとが併存している状態にある。そして，民間団体による社会管理機能に対する行政府の関わり方も多様である。行政府がバックアップして生まれた認定制度や行政府の負担を軽減するために民間に移行させた認定制度もあろう。

　　民間団体による認定の重要性　　行政認定制度と併存する民間団体による認定制度は，日本社会において重要な機能を担っており，無視することができない存在である。たとえば，本書において後に述べるように，民間団体による資格認定制度がある場合に，その資格を取得することが，その個人，あるいは勤務先の企業等にとって極めて重要な意味をもつことがある。企業等が従業員に対して民間資格の取得を勧めることも多いであろう。病院又は診療所を開設する医師又は歯科医師などは，学会等による各種の認定を受けて認定証を掲げることが，患者の信頼を得るために不可欠なのかもしれない。

　　民間団体による認定制度は，その重みにも多様さがある。関係者の死命を決するような認定を民間団体が行っている場合に，その認定を受けられなかった者が訴訟をもって争うことができるのかなど，筆者の能力を超える問題もありそうである。ちなみに，スポーツ団体の認定拒否については，公益財団法人日本スポーツ仲裁機構による仲裁制度が存在し，大いに活用されている[3]。

　　行政認定制度との連続性と非連続性　　民間団体による認定には，行政認定制度と連続性のあるものと，まったく独自のものとがある。前者には，行政機関により指定され又は登録された民間機関が認定機関となっている場合がある。行政府の手足となって指定機関・登録機関が認定を行う場合である。このような認定制度は「行政認定制度」に当たるものとして，本書においては，原則として扱わないことにしたい（ただし，委託等によるものは，第1章において扱う）。しかし，民間団体による認定制度の中には，国が審議会等の意見を徴して制度の創設を推進した場合もある。そのような場合には，認定機関である民間団体は，行政府の肝いりで創設された認定制度であることを積極的に謳うことがある。しばしば，関係省庁の元公務員であった者が当該団体の役員に就いていることもある。

3）スポーツ仲裁機構に関して論じた重要な論文として，道垣内正人「日本におけるスポーツ仲裁制度の設計――日本スポーツ仲裁機構（JSAA）発足にあたって」ジュリスト1249号2頁（平成15年），同「日本スポーツ仲裁機構（JSAA）」法学教室276号2頁（平成15年），南川和宣「スポーツ仲裁機構と行政法理論」修道法学28巻2号967頁（平成18年）がある。

　他方，行政との連続性をまったく有しない民間認定制度もある。こうした民間認定制度が濫立しているといっても過言ではない。そのような濫立する民間団体による認定制度について，行政府が規制に乗り出そうとしている場合もあるのかもしれない。

2　民間団体による認定制度の例

　医師の認定による人工妊娠中絶　　民間団体による認定制度を無視できない例を挙げてみよう。まず，法律に基づく例を挙げよう。

　母体保護法 14 条は，条文自体において「認定」の文言を用いていないが，条文見出しに「医師の認定による人工妊娠中絶」なる文言を用いている。第 1 項によれば，都道府県の区域を単位として設立された公益社団法人たる医師会の指定する医師（＝指定医師）は，所定の要件の一つに該当する者に対して，本人及び配偶者の同意を得て，人工妊娠中絶を行うことができる。所定の要件とは，①妊娠の継続又は分娩が身体的又は経済的な理由により母体の健康を著しく害するおそれがあるもの，又は②暴行若しくは脅迫によって又は抵抗若しくは拒絶することができない間に姦淫されて妊娠したもの，である。この条文は，おそらく，この要件の充足を確認する行為を「認定」と理解しているのであろう。なお，第 2 項は，同意について，配偶者が知れないとき若しくはその意思を表示することができないとき又は妊娠後に配偶者がなくなったときには，本人の同意だけで足りるとしている。この本人の同意だけで足りる旨を確認する行為も認定といえよう。

　以上の仕組みにおいて，人工妊娠中絶禁止原則の下において，指定医師は，同原則の例外を認める，きわめて重い認定をしなければならないのである。

　出生前遺伝学的検査に係る認定・登録　　ダウン症等を出生前に診断できるようにするための仕組みの在り方が検討されてきた。公益社団法人日本産科婦人科学会の倫理委員会は，平成 25 年 12 月に，その検討委員会による「母体血を用いた新しい出生前遺伝学的検査に関する指針」を公表した。同指針は，「母体血を用いた新しい出生前遺伝学的検査は，十分な遺伝カウンセリングの提供が可能な限られた施設において，限定的に行われるにとどめるべきである」という基本認識に立って，「母体血を用いた新しい出生前遺伝学的検査を実施する施設を認定し，登録する制度を発足させることが必要である」とした。認定・登録を行う委

員会が出生前遺伝学的検査を行う施設として所定の要件を満たしているか否か審査し，併せて申請施設と検査会社との間の契約書の写し，被検者に対する遺伝カウンセリングの際の説明文書が作成されていることを確認するとしている。そして，認定された各「実施施設」は，実施された母体血を用いた検査の結果及びその妊娠の転帰について，同委員会に報告すること，委員会は，認定された各「実施施設」に対して定期的に評価を行う体制を整えて実行すること，を謳っている。「母体血を用いた新しい出生前遺伝学的検査」（NIPT）を実施する施設の認定・登録は，日本医学会臨床部会運営委員会「遺伝子・健康・社会」検討委員会の下に設置する NIPT 施設認定・登録部会において行うこととされた[4]。そして，NIPT を国内で施行するに当たり，適切な遺伝カウンセリング体制に基づいて検査を実施するための，遺伝学的出生前診断に精通した専門家（産婦人科，小児科，遺伝カウンセラー）の自主的な組織（NIPT コンソーシアム）も結成された。

　しかし，認定を受けていない美容外科などにおける検査実施の例が判明するに伴い，日本医学会は，強く注意を呼びかけ[5]，また，厚生労働省も令和元年から2年にかけて，ワーキンググループを設けて NIPT に関する実態調査を実施した[6]。

　そして，日本産科婦人科学会の倫理委員会は，令和2年6月に，この指針の改訂を行った。しかし，厚生労働省における検討の結果を待っている状態である。この改訂後の指針は，次のような内容を含んでいる。

① NIPT を行う施設として，従来の基幹施設に加えて要件を備えた連携施設を新たに認定する。

② 連携施設の産婦人科常勤医の要件として，日本産婦人科遺伝診療学会が主

4）厚生労働省も，平成 25 年 3 月に，雇用均等・児童家庭局母子保健課から前記の指針等の周知を依頼する文書を全国の都道府県，指定都市，中核市の母子保健主管部（局）長宛に発出した。

5）平成 30 年 12 月 25 日付の日本医学会分科会理事長・会長宛の日本医学会会長名の指針遵守の依頼を参照。

6）令和 2 年 7 月の調査結果の概要によれば，インターネットで把握できた非認定施設は 54 施設あり，内訳として病院 1 施設，診療所 52 施設，企業 1 社であったという。そして，「美容系診療科」が最も多く，産婦人科，遺伝診療科は少ない傾向にあったという。

宰する NIPT 実施のための新たな認定制度を利用し，その認定制度委員会委員には，日本小児科学会，日本人類遺伝学会から代表が公式に参加する。

③ 連携施設では，日本小児科学会が規定する制度で認定された小児科医師との連携を必要とする。

④ NIPT を実施する施設の認定・登録は，日本産科婦人科学会の理事長直轄の「母体血を用いた出生前遺伝学的検査」審査委員会が行う。同審査委員会は，日本産科婦人科学会，日本小児科学会，日本人類遺伝学会からの推薦を受けた委員及び法学・倫理の専門家で構成される。

この改訂指針は，複数の学会の連携により認定する方向を目指すものである。

日本図書館協会認定司書　　公益社団法人日本図書館協会は，司書全体の研鑽努力を奨励するとともに，司書職のキャリア形成及び社会的認知の向上に資するため，図書館法第 4 条に規定する司書の高度な専門性を評価するために「日本図書館協会認定司書」の称号を付与する事業を実施している。同事業を実施するために，認定司書事業委員会を設置し，その組織及び運営については，公益社団法人日本図書館協会委員会通則規程 3 条により認定司書事業委員会規程を定めている。認定司書の称号は，司書の専門性の向上に不可欠な実務経験並びに実践的知識及び技能を継続的に修得し公立図書館及び私立図書館の経営の中核を担いうる司書として認定する者に対し付与するものとされている（同規程 2 条 2 項）。認定司書の称号を付与するために，別に定める小委員会が，申請者の図書館における実務経験並びに実践的知識及び技能について審査を行う（2 条 4 項）。認定司書の審査を実施するための小委員会として，認定司書審査会が置かれている（7 条 1 項）。

認定要件は，多岐にわたっている。地方公共団体，日本赤十字社又は一般社団法人若しくは一般財団法人の職員，又はこれに準ずる者であること（非正規職員を含む），図書館法 4 条に定める司書又は司書有資格者，所定の勤務経験，申請時までの 10 年間に研修受講や社会的活動等，内規に定める一定の研鑽（20 ポイント以上）を重ねていること，申請時までの 10 年間に一定の要件を満たす著作を著していること，などである。

3　民間団体による認定の公益性と私益性

　民間団体による認定制度には，その性質が，公益性の強いものと私益性の強い
ものとがありそうである。前節に掲げた認定制度は公益性の強いものである。こ
れに対して，業界団体が認定する資格認定の中には，私益性の強いものが少なく
ない。教材を販売し試験の受験料を徴する，申請手数料を徴するなどの場合に，
実質的に当該業界団体の運営のための財源確保にも寄与していると見られても不
思議ではないようなものもある。さらに，一層私益性の強い認定事業の場合もあ
る。そのような場合には，消費者保護の観点から注視する必要もあると思われる。
認定事業自体を規制しなければならない場面も考えられる。

第1章　行政機関からの委託等による認定事業

1　国の委託等による認定事業

　先に刊行された『行政認定制度』において，厚生労働省からの委託による認定事業として，公的職業訓練サービスガイドライン適合事業所認定，優良派遣事業者認定，製造請負事業優良適正事業者認定及び職業紹介優良事業者認定を紹介した[1]。

　製造請負優良適正事業者認定制度についての補足　　これらのうち，GJ（Good Job）マークで知られる製造請負優良適正事業者認定制度について，前著の記述が不正確であったので，ここで訂正を兼ねて少し述べておきたい。前著において，受託者は「製造請負事業改善推進協議会」であり，法人格のない協議会が受託者となる仕組みを十分には理解できない，と述べた[2]。しかし，これは，「受託者事務局・一般社団法人　日本生産技能労務者協会」というインターネット上の表記に惑わされたものであって，真の受託者は，一般社団法人日本生産技能労務協会である。同協会は，製造系人材サービス（請負・派遣・紹介等）を業とする事業者会員で構成されている。同協会が，毎年度，厚生労働省からの受託事業として委託料の交付を受けており，受託した事業の成果として，毎年度，厚生労働省に報告することが義務付けられる。毎年度の報告書のタイトルが『製造業の請負事業の雇用管理の改善及び適正化の推進事業』とあるように，受託事業は認定事業のみではなく，製造請負事業の適正化・雇用管理等に関する相談支援，請負事業主・請負労働者・発注者に対する実態把握調査等も受託事業とされている。

　認定事業の運営機関は，協会に設置される「製造請負事業改善推進協議会」で

1）碓井光明『行政認定制度』（信山社，令和2年）396頁以下。

2）碓井光明・前掲書398頁。

ある。同協議会は，雇用管理の改善や適正化の促進に取り組む請負事業主や発注者を支援することを目的にしている。協議会は，学識経験者，製造業界団体に属する者，請負事業主団体に属する者（日本生産技能労務協会の理事 2 名が毎年度含まれている）により構成される。協議会の任務は，①認定基準の問題点や課題等を把握し，必要に応じて認定基準の改訂を行うこと，②協議会の外部機関として認証委員会（後述）を設置して，認定制度の指定審査機関（後述）の指導・管理等を行うこと，③認定制度の周知と認定制度の相談・助言を行うこと，④その他認定制度の適切な運営に必要な業務を行うこと，とされている。

　実際に審査認定を行うのは，指定審査機関である。

　平成 21 年度報告書は，「認定機関は，業界団体（社団法人日本生産技能労務協会）と別に設け，業界団体は認定取得のための支援活動を担うという役割分担を行うことを検討している」旨を述べた。しかし，役割分担は容易ではない。当初は，指定審査機関自体が調査委員会と認定委員会とを設けて，後者が最終評価を行い認定の可否を決定した。変遷を経て，現在は，「認証委員会」が，外部機関として指定審査機関の公募及び審査機関による審査・認定を「認証」する方式が採用されている。製造請負事業改善推進協議会の「認証委員会設置要綱」（平成 29 年4 月 27 日制定）によれば，認証委員会は，学識経験者と製造請負事業に関する有識者からなる委員により構成され，指定審査機関の指定，指定審査機関に対する指導・管理，指定審査機関の認定審査が適正に実施されたことの認証，を行うものとされている。

　しかし，指定審査機関の公募に応じたのは日本生産技能労務協会であって，同協会が指定審査機関に指定されている。その結果，認証委員会の認証手続があるとはいえ，認定の核心をなす審査・認定を受託者である日本生産技能労務協会自身が行うという循環を生じている。しかも，認証委員会の庶務は受託団体において処理するというのであるから，認証委員会の第三者性の発揮には高い見識が必要とされよう。

　盲導犬訓練士の認定　　道路交通法 14 条 1 項は，「目が見えない者（目が見えない者に準ずる者を含む。以下同じ。）は，道路を通行するときは，政令で定めるつえを携え，又は政令で定める盲導犬を連れていなければならない」と規定している。これを受けて，道路交通法施行令 8 条 2 項は，法 14 条第 1 項の政令で定める盲導犬は，盲導犬の訓練を目的とする一般社団法人若しくは一般財団法人又は

社会福祉法 31 条 1 項の規定により設立された社会福祉法人で「国家公安委員会が指定したものが盲導犬として必要な訓練をした犬又は盲導犬として必要な訓練を受けていると認めた犬」で，内閣府令で定める白色又は黄色の用具を付けたものとする，と規定している。この「国家公安委員会が指定したもの」を受けて，国家公安委員会の「盲導犬の訓練を目的とする法人の指定に関する規則」が制定されている。同規則 1 条 2 項によれば，指定の基準は，次の通りである。

　一　盲導犬として必要な訓練をする業務又は盲導犬として必要な訓練を受けていることを認定する業務（以下「盲導犬訓練業務等」という。）の実施に関し，適切な計画が定められていること。

　二　盲導犬訓練業務等を行うための施設が次のいずれにも該当するものであること。

　　イ　盲導犬訓練業務等を行う者（以下「訓練士等」という。）として盲導犬訓練業務等を適正に行うため必要な知識及び技能を有する者が置かれていること。

　　ロ　盲導犬訓練業務等を適正に行うため必要な設備を備えていること。

　三　盲導犬訓練業務等を適正かつ確実に行うため必要な経理的基礎を有すること。

　四　盲導犬訓練業務等以外の業務を行っているときは，当該業務を行うことにより盲導犬訓練業務等が不公正になるおそれがないこと。

以上の規定に基づき国家公安委員会の指定を受けた指定法人が訓練士の認定を行っている。認定は，前記の 2 号のイを満たすためのものである。その養成基準が，社会福祉法人日本盲人社会福祉施設協議会が策定した「盲導犬歩行指導員等養成計画」である。11 の指定法人のうち，8 施設は，訓練士の認定審査を認定特定非営利活動法人全国盲導犬施設連合会に委嘱している。代表的な指定法人は，公益財団法人日本盲導犬協会である。平成 29 年に各施設が国家公安委員会に「盲導犬歩行指導員等養成計画」を提出し，それが日本の基準となっているという。盲導犬訓練士養成課程と盲導犬歩行指導員養成課程に分けて養成基準が定められている。各施設において徒弟制によりなされていた養成が全国基準に基づくものに移行する過程が興味深い[3]。

2　地方公共団体の委託等による認定事業

エコショップいわて等の認定　　岩手県は，「エコショップいわて認定制度実施要領」により，参加を希望する市町村及び廃棄物関係一部事務組合（「市町村等」）並びに県が指定する非営利活動団体又は県内のごみ減量・リサイクルの促進に積極的に取り組む環境団体等（＝「指定 NPO 等」）の協働により「エコショップいわて」認定制度を実施している（同要領第 2 第 1 項）。要領に定める認定申請書の受理及び審査等認定制度の実施に関し必要な事務は，県が指定 NPO 等に委託して実施するものとし，指定 NPO 等は，エコショップいわて認定制度の普及啓発及び県内のごみ減量・リサイクルの促進を推進するため，県内の環境団体等と連携するとともに，県と協議のうえ，業務の一部を再委託することができるものとしている（要領第 2 第 3 項）。

　知事は，ごみの減量化・リサイクルの促進に積極的に取り組んでいる県内の小売店等であって，次に掲げる基準に適合すると認めるものを，小売店については「エコショップいわて」として，飲食店については「エコレストランいわて」として，それぞれ認定することができる（第 3 第 1 項）。

(1)　取組計画書兼報告書によるごみ減量化・リサイクル促進に関する取組の計画が作成されていること。

(2)　取組計画の作成に当たっては，別表に掲げる取組基本項目のうち 5 項目以上を取組項目として設定していること。

(3)　取組項目について取組計画に沿った取組が実施されていること。

(4)　取組の結果について自己評価がなされ，以後の取組計画に反映されていること。

　認定を受けようとする小売店等の代表者（「認定申請者」）は，エコショップいわて認定申請書を指定 NPO 等に提出する（第 4 第 1 項）。指定 NPO 等は，第 3 に定める認定の基準に基づき，認定申請書の審査及び認定申請者に対する指導，助言を行う（同第 2 項）。指定 NPO 等は，認定の申請に対する審査に当たって，申

---

3 ）以上，日本盲導犬協会 50 周年記念誌編纂室編『盲導犬と歩く　日本盲導犬協会 50 周年記念誌』（日本盲導犬協会，平成 29 年）158 頁。

請のあった店舗の実地調査等を行うものとする（同第3項）。指定NPO等は，審査の結果，第3第1項の認定を行うことが適当であると認められるときは，県及び認定申請のあった小売店等の店舗の所在地を管轄する市町村等に通知するものとする（同第4項）。知事及び第3第4項の規定により認定を行うこととした市町村長（＝「知事等」）は，前項の審査の結果に基づき，第3第1項の認定を行うものとする（同第5項）。知事等は，第3第1項の認定をしたときは，認定申請者に対しエコショップいわて［エコレストランいわて］認定証及び別に定める認定プレートを交付するものとする（同第6項）。

　以上の仕組みにおいて，認定は，あくまで知事等が行うものとされている。しかし，認定の中核をなす審査は，指定NPO等により行われていることがわかる。

　各県の産業振興機構等と県との関係　　多くの県に「○○産業振興機構」，「△△県産業振興センター」のような名称の公益財団法人が設立されている。この種の公益財団法人は，県に協調して，認定に関与していることがある。

　たとえば，公益財団法人とくしま産業振興機構は，「徳島県特有の資源」や個人のユニークな「能力・経験等」を活かした優れた創業計画を「あったかビジネス」として認定している。この認定を受けた場合には，ビジネス支援資金の無担保による貸付け，経営ノウハウ・アドバイス等のソフト面の支援，徳島健康科学総合センターの起業家用貸室への低賃料による入居（小規模オフィス用），県の「お試し発注制度」による販路開拓支援，とくしま経済飛躍ファンド（地域資源活用枠）による助成を受けられる。とくしま産業振興機構が認定申請を受け付けて，「あったかビジネス認定審査委員会」が審査したうえ，その審査結果に基づいて，知事が認定の決定をしている。ということは，外部との関係においては，知事の認定であるが，内部においては，機構の認定審査委員会が審査していることになる。計画の認定要件は，①経営者等の独自の技能や知識，能力，経験等を活かした事業であること，②県内で新たに開始する事業，又は開始後5年以内の事業であること，③事業による付加価値が一定以上見込めること，④環境に優しく，地域社会に調和していること，⑤ほかの県民1人以上からの推薦があること，⑤明瞭かつ適切な事業計画のもとに行われる事業であること，とされている。

　東京における産業廃棄物処理業者の優良性基準適合認定制度　　東京都の「東京における産業廃棄物処理業者の適正処理・資源化の取組に係る優良性基準適合認定制度実施要綱」は，興味深い仕組みである。なぜなら，第三者評価機関が評

価・認定の業務を行うものとし，その第三者評価機関については知事が指定するものの，その根拠は条例・規則ではなく，この要綱である。すなわち，「知事は，この要綱に基づく評価及び認定の業務を行おうとする一般社団法人又は一般財団法人の申請により第三者評価機関の指定を行う」ものとされている（要綱17条1項）。したがって，通常の「指定法人」とは性格が異なるといわなければならない。

そして，評価基準は，遵法性，安定性，先進的な取組，専門性の評価項目ごとに，知事が別に定める要領に基づき第三者評価機関が定めるものとしている（4条1項2号）。認定は，書面審査及び現地審査の結果により行うこととしている（4条1項5号）。第1種評価基準適合業者，第2種評価基準適合業者，第1種及び第2種適合業者に付加される専門性評価基準適合業者，の各認定がある（8条1項）。知事は，第三者評価機関からの報告に基づき，評価基準適合業者の名称等を公表する（12条1項）。第1種基準適合業者は，「産廃エキスパート」と呼ばれ，業界のトップランナー的優良業者である。第2種基準適合業者は，「産廃プロフェッショナル」と呼ばれ，業界の中核的役割を担う優良業者である。

第三者評価機関には，評価及び認定に係る書面審査及び現地審査を実施する評価員を置くこと（24条），評価及び認定の公平性及び客観性を担保するため評価委員会を設置し，評価員の審査結果に基づき評価委員会において評価基準への適合の可否の判定を行うこと（25条1項），としている。

認定も認定の取消しも，ともに第三者評価機関の名において行われる。興味深い仕組みは，知事による確認の手続である。認定等の申請を行う者又は評価基準適合業者から申請があったときは，「当該者に係る適合認定が所要の手続を経て行われたものであること」を確認することとされ，その確認は，第三者評価機関からの報告に基づいて行うものとされている（16条の2）。

この要綱17条に基づき，公益財団法人東京都環境公社が第三者評価機関として指定されている。業務委託であれば，契約締結に関する規制があるのに対して，「指定」であるので，指定の取消しがなされない限り，指定状態が存続する前提で運用されている[4]。

4）岩手県においても，岩手県の指定を受けた「岩手県産業廃棄物処理業者育成センター」が，3段階のランクで認定（格付け）している。

　広島県働き方改革実践企業認定制度　　広島県商工会議所連合会は，県と連携して，「広島県働き方改革実践企業」の認定制度を設けている[5]。連合会の定めた同認定制度実施要綱によれば，「働き方改革の推進について理解と意欲があり，仕事と暮らしのどちらも充実させることができる環境を実現するため，自律的で多様な働き方を選択できる職場環境整備の推進や，業務の効率化等による長時間労働の是正，休暇取得の促進等，誰もが働きやすい職場環境づくりに積極的に取り組んでいる企業」を広島県商工会議所連合会（県連）が認定し，「広島県及び働き方改革推進・働く女性応援会議ひろしま等の関係機関と連携して当該企業が社会的に評価される仕組みを作ることにより，企業の働き方改革の自主的な取組の促進を図り，もって，広島県内企業における働き方改革を促進すること」を目的としている（1条）。

　その認定基準は，同要綱の別表に詳細に定められている。基本項目は，①直近1年間での常用雇用者の総実労働時間（1人あたり1か月　平均）が190時間以下，②直近1年間に年次有給休暇を10日以上付与された常用雇用者の年次有給休暇取得日数が全員5日以上，の2項目で，いずれも必須である。そのほか，「実現のための仕組み」，「行動」及び「実績成果」の大項目があり，それぞれの大項目の中に中項目があって，中項目には，複数の取組み内容が含まれている。

　「実現のための仕組み」について見ると，「方針の明確化」の中項目には，「『働き方改革』に関する方針を明確化している」及び「次世代育成支援対策推進法に基づく一般事業主行動計画を策定している」という二つの取組みがあって，いずれも必須である。「推進体制」の中項目には，「『働き方改革』を推進する部署または担当者を設置している」（必須）のほか，「従業員の意見を把握する制度がある」及び「労働組合または労働者の代表との話し合いの場を設けている」のうち

5）働き方改革推進企業の認定は，「北海道働き方改革推進企業認定制度実施要綱」，鹿児島県の「かごしま『働き方改革』推進企業認定制度実施要領」，福岡市の「ふくおか『働き方改革』推進企業認定制度実施要綱」など，地方公共団体にも見られる。また，養父市は，「養父市働き方改革推進条例」4条が掲げる基本施策の定めを受けて，「養父市働き方改革推進宣言企業・推進企業認定規則」を制定して，推進企業の認定も行っている。この推進企業の認定要件の中には，公益財団法人兵庫県勤労福祉協会ひょうご仕事と生活センターが行う「ひょうご仕事と生活の調和推進企業認定制度設置要綱」に基づく認定証の交付を受けていること（10条1号）も含まれている。

一つ以上の取組みが求められる。

　審査は，事前審査の後に，広島県商工会議所連合会，広島県商工会連合会，広島労働局，広島県，日本労働組合総連合会広島県連合会，学識経験者等で構成される「広島県働き方改革実践企業認定審査委員会」において審査される（令和2年度募集要項8）。

　では，このような認定制度は，広島県とどのような関係にあるのであろうか。広島県は，次のような施策を講じている（令和2年度募集要項10）。

・認定企業の情報について，広島県ホームページなどの広報媒体等において広く発信する。
・認定企業名を紹介するPR広告を制作し，新聞紙面に掲載する。PR広告は企業ホームページや企業案内等に使用することができる。
・認定企業のうち，県内企業にとって特に参考となる取組事例を紹介する記事を作成（プロのライターが取材して作成）する。記事は，広島県ホームページなど広報媒体等において広く発信する。
・自社が認定企業であることをPRするためのグッズ（のぼり・ポスター・ピンバッジ）を提供する。
・中小企業等奨学金返済支援制度導入応援補助金の補助率の上乗せを行う。
・県主催の合同就職説明会等への参加を案内する。
・県内ハローワーク等で認定企業をPRするポスターの掲示等を行う。
・県の「建設工事」及び「測量・建設コンサルタント等業務」の入札参加資格審査において加点を行う。
・県の県費預託融資制度のうち，労働支援融資（働き方改革・女性活躍推進資金）が利用可能となる。

　このような県の取組みとの関係において，認定要綱は，「認定企業の広報など制度運用にあたり必要な範囲において，協力機関である広島県に申請書類，取組状況報告書等の情報を提供するものとする」（12条）としている。この認定制度は，広島県商工会議所連合会と広島県との強い連携のもとに運営されているといえる。

第2章 国・地方公共団体の行政と強い関係のある認定

1 国・地方公共団体との関係

国の行政機関との関係　　国の行政による強い指導による認定も見られる[1]。
　資格制度について見ると，業務の質への信頼を確保するために，関係の省庁の指導の下に始まったものも少なくない。また，自らの資格を世の中に認知してもらいたいという関係者の意気込みによるものも多い。この両者の結合している趣旨によるものも多い。たとえば，企業経営に係るコンサルタントの質の高さが求められるようになったことから，クライアントが安心して質の高いコンサルタントの選定をする目安とすべく，公益社団法人全日本能率連盟が，通商産業省（当時）の指導の下に，平成11年に，「認定マスター・マネジメント・コンサルタント（J-MCMC）と「認定マネジメント・コンサルタント（J-CMC）」という2種類の認定制度を設けている（同連盟のホームページによる）。
　他方，一定の資格を持つ者に限り業務を認めることが望ましいと考えられる場合に，国の規制に先立って資格認定を制度化している場合もある[2]。このような傾向を民間による自主的な管理として歓迎すべきか，あるいは行政機関の怠慢を非難すべきか，様々な議論があろう。法律に基づく認定制度と民間団体による認定制度とが，連続線上にあるような場面もある。

1）「認証」の文言であるが，福祉サービスの第三者評価事業が国の指針に基づいて推奨され，都道府県の推進組織が第三者評価機関の認証を行っている。神奈川県の場合は，社会福祉法人神奈川県社会福祉協議会の「かながわ福祉サービス第三者評価推進機構」が認証を行っている。なお，神奈川県社会福祉協議会評価機関かながわ，横浜市社会福祉協議会横浜生活あんしんセンター，川崎市社会福祉協議会は，第三者評価事業を廃止した。他の第三者評価機関が育ったことによるものであろう。なお，長野県や新潟県のように，要綱に基づいて，県自体が認証を行っているところもある。

　情報銀行の認定　　個人情報保護委員会という国の機関が，個人情報保護法による「認定個人情報保護団体」の認定を行っているところ，それとの関係において「情報銀行」に関する認定が始まっている[3]。「情報銀行（情報利用信用銀行）」とは，個人とのデータ活用に関する契約等に基づき，PDS 等のシステムを活用して個人のデータを管理するとともに，個人の指示又は予め指定した条件に基づき個人に代わり妥当性を判断の上，データを第三者（他の事業者）に提供する事業」である[4]。「一般社団法人日本 IT 団体連盟」の情報銀行推進委員会が，外部有識者による認定委員会を設置して情報銀行の認定基準への適合性の評価及び認定判定を行うこととし，また，外部有識者による監査諮問委員会を設置することとしている。

　JAPHIC マーク付与評価機関による認定　　個人情報保護に関係して，特定非営利活動法人「日本個人・医療情報管理協会（Japan Association of Personal and Healthcare Information Control）」は，JAPHIC マーク付与評価機関を運営している。

　「JAPHIC マーク制度基本要領」によれば，付与評価機関は，規約に基づいて，次の業務を行うこととされている（要領 3 条 2 項）。

(1)　JAPHIC 認定審査機関等の認定。

(2)　JAPHIC 認定研修機関等の認定。

(3)　JAPHIC マーク等付与の認証。

(4)　JAPHIC 認定審査員等の研修，認定及び登録，評価。

(5)　JAPHIC マーク制度運営に係る企画立案及び要領，規程，マニュアル等の見直し。

　付与されるマークには，付与対象事業者に応じて 2 種類がある。

　一つは，JAPHIC メディカルマークである。病院，診療所，助産所，薬局，訪

2）遺品整理士認定協会は，遺品整理業に関する法整備がほとんど整っていないこともあって，不要品を不法投棄するとか，不当に高額な料金を請求するような業者も少なからず存在する実情に鑑みて設立され，遺品整理業の社会的役割と事業者数の増大に伴う，モラルの低下を是正することを理念とし，業界の健全育成を図るため，遺品整理士養成講座を運営するとともに，認定試験を実施している。本書 97 頁を参照。

3）碓井光明『行政認定制度』400 頁。

4）情報信託機能の認定スキームの在り方に関する検討会「情報信託機能の認定に係る指針 ver1.0」（平成 30 年 6 月）。

16

問看護ステーション等の患者に対し直接医療を提供する事業者，介護保険法に規定する居宅サービス事業・介護予防サービス事業・地域密着型サービス事業・地域密着型介護予防サービス事業・居宅介護支援事業・介護予防支援事業若しくは介護保険施設を経営する事業者，又は老人福祉法に規定する老人居宅生活支援事業・老人福祉施設を経営する事業その他高齢者福祉サービス事業を行う事業者に対して付与するマークである。

　もう一つは，前記の事業者を除く全ての事業者に対して付与するマークである。

　このようなマーク付与事業の目的は，事業者における「個人情報の保護に関する法律」及び「行政手続における特定の個人を識別するための番号の利用等に関する法律」（「番号法」）に適合した個人情報の適切な保護を促進することにある。

　マークの付与に至るために，まず，「JAPHIC マーク付与認定に関する規約」に基づいて，付与機関により審査機関の認定がなされる。認定の審査は，審査機関となろうとする事業者の新規申請及び更新申請に対してなされる。審査においては，個人情報保護法及び「個人情報の保護に関する法律についての経済産業分野を対象とするガイドライン」への適合性，「JIS Q 17021-1：2015 －マネジメントシステムの審査及び認証を行う機関に対する要求事項」への適合性，が重視される（規約 10 条 2 項）。

　認定審査機関の審査業務を支えるのが「認定審査員等」である。個人情報の取扱い及び保護に関し知見を有し，かつ JAPHIC マーク付与認定に係る審査業務を適確に実施する能力があると認められる個人に，認定審査員等の資格が与えられる（基本要領 12 条）。「JAPHIC 認定審査員等の認定に関する規約」に基づいて審査員等の認定を行っている。審査員等の資格には，①認定主任審査員（JAPHIC マーク制度における付与認証審査及び適合性判定会議の開催，総合審査結果報告書の作成業務を行う者），②認定審査員（JAPHIC マーク制度における付与認証審査業務を行う者）及び③認定審査員補（主任審査員又は審査員の監督のもとで JAPHIC マーク制度における付与認証審査業務に立ち会うことができる者）の 3 種がある（規約 4 条）。認定審査員になるには認定審査員補の資格を有することが，認定主任審査員になるには認定審査員の資格を有することが，それぞれ要件とされ，かつ，付与評価機関が開催する JAPHIC 認定主任審査員養成講座，認定審査員養成講座，認定審査員補養成講座を受講のうえ試験に合格することなどが要件とされている。それぞれ所定の年会費を納付しなければならない（規約 11 条～13 条）。

　付与評価機関は，審査機関の認定をした申請事業者等と認定審査機関契約を締結する（JAPHIC マーク付与認定に関する規約 15 条）。認定審査機関は，認定審査機関年会費を付与機関に納付しなければならない（同規約 16 条）。

　以上述べたように，やはり個人情報保護と深い関係をもつ認定制度である。

2　国等により推進される認定

　国や地方公共団体が民間団体による認定制度を推進することを望んでいる場合は，きわめて多い[5]。

　防犯優良住宅の認定　　警察庁の「安全・安心まちづくり推進要綱」を受けて，防犯優良住宅の認定制度が具体化されている。マンション，低層共同住宅，戸建ての 3 種の認定がある。マンションを例に説明しよう。

　全国的な防犯団体として，公益財団法人全国防犯協会連合会及び公益社団法人日本防犯設備協会が設立されている。この二つの全国法人は，「地域の住宅・建築に係る公益的事業を実施する法人」及び「防犯に係る公益的事業を行う法人」が共同して防犯性に優れたマンションを認定する事業を行うことを支援することとしている。「防犯優良マンション認定事業支援要綱」が定められている。全国法人は，共同して，防犯優良マンションの呼称及び認定マークについて，商標登録を受けている（要綱 4 条）。また，全国法人は，標準認定規程及び標準認定基準を作成し公表する（5 条 1 項）。認定のための準備は，各地域において認定を行う公益法人等を全国法人が「登録認定機関」として登録し公表することからスタートする（要綱 4 条 1 項）。地域の公益法人等は，「住宅・建築に係る公益的事業を非営利で実施することを目的とする法人」（1 項 1 号法人＝住宅関係公益法人）及び「防犯に係る公益的事業を非営利で実施することを目的とする法人」（1 項 2 号法人＝防犯関係公益法人）である。登録の申請は，1 号法人と 2 号法人とが，共同して防犯優良マンションの認定規程（認定基準を含む）を定めて，共同で行う（4 条2 項）。登録は，標準認定規程及び標準認定基準に照らして，商標登録された呼称及びマークを使用して防犯優良マンションの認定を行うことに支障がないと認められること，防犯優良マンションの認定が，認定審査資格者（建築）及び認定

　5）碓井光明『行政認定制度』399 頁注 19。

資格者（防犯設備）による審査に基づき行われること，に該当するときになされる（4条3項）。

　そして，具体の認定は，各都道府県の住宅関係公益法人及び防犯関係公益法人がそれぞれ指名した二人の審査員により共同でなされる設計図書審査（設計段階審査）及び現地審査（竣工段階審査）の審査結果に基づいて，判定委員会の議を経てなされる。認定マンションは，認定機関のホームページで公表される。

　防犯モデルコミュニティーの認定　前記の認定制度の延長上の認定制度も存在する。公益社団法人山口県防犯連合会，一般財団法人山口県住宅建築センター及び一般社団法人山口県防犯設備協会は，県内のマンション（概ね20戸以上）や分譲住宅地（概ね15戸以上）のうち，開発・管理する業者等が認定したものについて，防犯性に優れたものを「防犯モデルコミュニティー」として認定・公表している。認定基準は，国土交通省及び警察庁が推奨する「マンションに関する全国標準認定基準」及び「山口県犯罪のない安全で安心なまちづくり条例」に基づく「犯罪行為の防止に配慮した住宅に関する指針」を取り入れて策定されているという。

　日本バス協会による貸切バス事業者安全性評価認定　公益社団法人日本バス協会は，貸切バス事業者安全性評価認定制度を設けている。利用者や旅行会社にとって，利用しようとする個々の貸切バス事業者が安全性の確保のための取組みを適切に行っているか否かを判断することは難しいという事情に鑑み，事業者からの申請に基づき安全性や安全の確保に向けた取組状況について評価認定を行い，これを公表するものである。認定事業者は，国土交通省及び協会のホームページにて公表するとともに，運行するバスの車体に認定事業者の証である「SAFETY BUS」マークを貼付することなどを通じて，認定事業者であることを外観から知ることができるようにしているという。

　全日本トラック協会の安全性優良事業所認定制度　日本バス協会と同様に，公益社団法人全日本トラック協会は，トラック運送事業者の交通安全対策などへの事業所単位の取組みを評価して，一定の基準をクリアした事業所を安全性優良事業所として認定し，「Gマーク」を交付している。同協会は，貨物自動車運送事業法43条に基づき，貨物自動車運送に関する秩序の確立に資することを目的とする一般社団法人又は一般財団法人であって，同法44条に規定する事業を適正かつ確実に行うことができるものとして，国土交通大臣によって指定された

「全国貨物自動車運送適正化事業実施機関」として指定された法人である。安全優良所の認定は，同法 44 条に列挙されている事業そのものではないが，国土交通省の施策との連続性をもっている⁶⁾。国土交通省は，安全性優良事業所を公表している。

6）本書 132 頁を参照。

第3章　医学系学会等による認定

1　医学系の学会による認定医等

日本内科学会による認定医制度　　日本には，多数の医学系の学会が存在するが，それらの中には，認定制度を設けているものが少なくない。その代表例として，一般社団法人日本内科学会の認定制度について，同学会のウエブサイトを基に説明しよう。

同学会の「日本内科学会認定医制度概要」によれば，同学会は，「社会の人々がより高い水準の医学・医療の恩恵が受けられるように 1968 年 10 月 1 日に内科専門医制度を発足させ，1994 年 4 月に「認定医制度」と名称を変更し，現在に至って」いるという。その大要は，以下のとおりである。

1　内科医として広い知識と練磨された技能を備えた，優れた臨床医を社会に送り，社会の人々がより高い水準の医学・医療の恩恵を受けられるよう社会の福祉に貢献する。

2　この目的達成のため，内科臨床の指導的立場にある医師を多く抱える社団法人日本内科学会は，優れた内科臨床医を育成するため認定医制度を発足させ，一定レベル以上の実力を持ち，信頼される内科医を『認定内科医』として認定し，さらに高い水準の内科診療能力を備えた認定内科医を『総合内科専門医』として認定する。

この制度を運営するために，学会の中に認定医制度審議会を設けて，さらに，その中に，資格認定委員会，認定更新委員会及び認定施設認定委員会を置いている。ここに登場する認定施設は，認定内科医及び総合内科専門医の臨床研修には一定の規模と教育環境を有する施設が必要であるという考え方から，その教育環境を備えている施設を「認定医制度教育病院および教育特殊施設」，「認定医制度教育関連病院および教育関連特殊施設」として認定して[1]，内科臨床研修医の

指導を依頼しているという。

　認定のための試験には，認定内科医資格認定試験及び総合内科専門医資格認定試験がある。

　このうち，認定内科医資格認定試験は，「信頼される内科標榜医に要求される内科全般の医学知識と臨床能力を評価する」試験であって，その受験資格は，「日本国の医師免許証を持ち，所定の期間，本会が認定した施設で内科臨床研修を修了した者で，受験申込み時に本会会員で会費を完納している者」とされている。そして，「受験申込み時に提出する研修に関する記録」として，「受持入院患者18症例の一覧表，18症例の病歴要約，退院時サマリーのコピー，プレゼンテーション（口頭発表）したことを証明するもの1件，救急蘇生講習会受講修了証のコピー，臨床研修修了登録証のコピー（2004年以後の医師国家試験合格者のみ提出）」が求められる。以上の受験資格と「受験申込み時に提出する研修に関する記録」を満たし，認定内科医資格認定試験（筆記試験と病歴要約の評価）に合格した者を認定内科医として認定することとされている。

　また，総合内科専門医資格認定試験は，「認定内科医の水準を超えて，広く研修医・レジデントや他診療科医からのコンサルテーションにも応じて適切な指導や内科診療を指示できる臨床能力を評価する」試験である。その受験資格は，「認定内科医の認定を受け，その後更に所定の期間，本会が認定した施設で内科臨床研修を修了した者で，受験申込み時連続して3年以上の会員歴を有し，受験する年度までの会費を完納している者」であり，「受験申込み時に提出する研修に関する記録」として，「受持入院患者20症例の一覧表，20症例の病歴要約，退院時サマリーのコピー，学会または論文として発表した臨床研究（基礎的な研究は除く），またはfirst authorで報告した症例報告のいずれかで計2件の業績」が求められる。以上の受験資格と「受験申込み時に提出する研修に関する記録」を満たし，かつ，総合内科専門医資格認定試験（筆記試験と病歴要約の評価）に合格した者を総合内科専門医として認定することとされている。

　日本集中治療医学会による集中治療専門医の認定　　新型コロナウイルス感染症の治療で注目されたのが，集中治療専門医である。一般社団法人日本集中治療医学会が，集中治療専門医制度・審査委員会を設置して審査を行い認定している。

　1）これらの施設の認定については，詳細な認定基準が設けられている。

専門医の在り方に関する検討会報告書　　以上に紹介したような認定制度は，他の部門の学会にも設けられている。そして，患者等は，その認定証の示されている医師の診察・治療を安心して受けられる仕組みが採用されているのである。しかし，学会ごとに実施されている認定制度について，厚生労働省に設けられた「専門医の在り方に関する検討会報告書」（平成 25 年 4 月 22 日）は，「専門医制度を運用する学会が乱立して認定基準が統一されておらず，専門医として有すべき能力について医師と国民との間に捉え方のギャップがあるなど，現在の専門医制度は国民にとって分かりやすい仕組みになっていないと考えられる」などの認識に基づいて専門医の在り方を検討し，「専門医制度を持つ学会が乱立して，制度の統一性，専門医の質の担保に懸念を生じる専門医制度も出現するようになった結果，現在の学会主導の専門医制度は患者の受診行動に必ずしも有用な制度になっていないため，質が担保された専門医を学会から独立した中立的な第三者機関で認定する新たな仕組みが必要である」という基本的認識を示した。

同報告書は，中立的な第三者機関について，次のように提言した。

「① 専門医の認定と養成プログラムの評価・認定の 2 つの機能を担うとともに，その際の専門医の認定・更新基準や養成プログラム（※）・研修施設の基準の作成も第三者機関で統一的に行うこと。

※ 個別の養成プログラムは，基準を踏まえ，各研修施設が作成することとなる。

② 専門医の質の一層の向上に資するよう，各領域が満たすべき到達目標，経験症例数，指導体制等について共通の指針を作成し，この指針に沿って各領域の専門医の認定・更新基準や養成プログラム・研修施設の基準を作成すること。

③ 専門医の認定部門と養成プログラムの評価・認定部門のもとに，各領域の専門委員会を設け，それぞれの領域の学会等の協力を得て運営すること。

④ 専門医の認定や基準の作成はプロフェッショナルオートノミーを基盤として行うとともに，情報公開や実施体制等の制度全般について国民の視点やニーズを反映するため，運営に国民の代表が参画できるような仕組みとし，組織の透明性と専門医の養成プロセスの標準化を図り，説明責任を果たせるような体制とすること。

⑤ 専門医に係るデータの把握を継続的に行って公表するとともに，当該データを踏まえ，諸外国とも比較しながら，専門医の質を確保する視点か

ら専門医の認定・更新基準等について継続的な見直しを行いつつ，望まし
い専門医の在り方について検討を行うこと。

日本専門医機構　　この報告書を受けて，平成26年5月には，一般社団法人
日本専門医機構が設立された。報告書の公表の翌月に設立されたという事実に驚
かざるを得ない[2]。そして，同年7月には，「専門医制度整備指針（第1版）」を
公表した。そこには，機構の仕組みの説明がある。

「新たに発足した日本専門医機構には，2つの重要な部門が作られる。一つ
　は専門医認定・更新部門であり，他は専門研修プログラム研修施設評価・認
　定部門である。それぞれの部門には各基本診療領域や各サブスペシャルティ
　領域の専門家よりなる各"専門医委員会"，各"研修委員会"がそれぞれ設
　けられる。その評価結果を受けて日本専門医機構が専門医の認定・更新や専
　門研修プログラム・研修施設の認定を行う。専門研修プログラム研修施設評
　価・認定部門はこの他に研修施設のサイトビジットという重要な業務を担当
　する。

　　　各"専門医委員会"は，主としてそれぞれの領域学会から推薦され機構が
　承認した委員から構成される。各"専門医委員会"は別に定められる規則に
　より運営されるが，実務に関しては幾つかの小委員会を作り，それぞれの業
　務が分担される。

　　　各"研修委員会"のメンバーには当該専門領域の専門家の他，専攻医（専
　門医資格取得のために専門研修を行う医師を指す）も加わる。各"専門医委員会"，
　各"研修委員会"の代表者よりなる"基本領域連携委員会"を設け，制度の
　標準化や円滑な運営のための検討を行い，必要に応じて理事会に提言する仕
　組みとする。」

前記の報告書及び機構の発足及び平成30年4月の新専門医制度の発足にもか
かわらず，平成31年3月時点において，基本領域専門医の18学会のうち，日本
内科学会など6学会には，機構認定専門医は未だ誕生しておらず，学会認定専門

2）ただし，機構には，その前身の長い歴史がある。昭和56年に22学会による認定医
　制協議会，平成13年に専門医認定制協議会に改称，同14年に有限責任中間法人日本
　専門医認定制機構となり，平成19年に17学会（精神科を除く）の専門医制度を認定
　した。そして，平成20年には，社団法人日本専門医制評価・認定機構として公益法
　人となった。

医のみであった[3]。なお，サブスペシャルティ領域専門医に関しては，多数の学会認定専門医が存在するが，機構認定専門医は生まれなかった[4]。目下は，更新制等との関係において移行段階なのかもしれない。

　なお，関係領域の専門医認定を集約する動きが始まっている。たとえば，日本胸部外科学会・日本心臓血管外科学会・日本血管外科学会の3学会（いずれも特定非営利活動法人）から構成される心臓血管外科専門医認定機構が発足し，心臓血管外科専門医の認定を行っている。また，日本呼吸器外科学会及び日本胸部外科学会（いずれも特定非営利活動法人）は，呼吸器外科専門医合同委員会により，呼吸器外科専門医の認定を行っている。

　日本抗加齢医学会の認定専門医・認定指導士　　一般社団法人日本抗加齢医学会は，認定専門医及び認定指導士の認定を実施している。認定専門医について，各領域を横断する資格認定である点に特色がある。それぞれの認定試験の受験資格を見ると，認定専門医にあっては，日本医学会の分科会の専門医又は認定医の資格，日本専門医療機構認定専門医の資格，産業医の資格をもつ者，歯科医師の場合には日本歯科医学会の専門分科会の会員である者とされている。また，認定指導士の受験資格は，医師，歯科医師，看護師，保健師，臨床検査技師，衛生検査技師，理学療法士などの多数の資格が掲げられている。

　日本臨床試験学会による認定　　一般社団法人日本臨床試験学会（JSCTR）は，JSCTR認定GCPエキスパート制度を設けている。「臨床試験（治験を含む）及び臨床研究における指導者的な立場（例；上級モニター，上級CRC，IRB委員，プロジェクトリーダー，監査担当者等）で臨床試験を実施できる人材を認定することにより，わが国の臨床試験（治験）および臨床研究の推進を図ることを目的」とし，ヘルシンキ宣言を含む臨床研究に係る倫理的原則，ICH-GCP（J-GCP）および関連法規についての十分な理解に加え，試験実施の品質管理・品質保証，プロジェ

3）他方，日本小児科学会は学会認定専門医12,261名に対し機構認定専門医4,337名，日本整形外科学会は学会認定専門医19,349名に対し機構認定専門医7,322名，日本産科婦人科学会は学会認定専門医13,454名に対し機構認定専門医4,003名，日本病理学会は学会認定専門医2,538名に対し機構認定専門医1,472名，である。以上，日本専門医機構「日本専門医制度概報（令和元年（2019年）度版）」2頁による。

4）日本専門医機構・前掲2頁〜3頁。日本消化器病学会の認定専門医は21,608名，日本消化器内視鏡学会の認定専門医は19,044名に上っている。

クトマネージメント，臨床試験方法論にも精通している人材を求めるものとして
いる[5]。

　日本禁煙学会の認定制度　　一般社団法人日本禁煙学会は，①禁煙及び受動喫
煙防止に関する学術研究・調査の推進，②医師，歯科医師，薬剤師，看護師その
他の保健・医療関係者のみならず，禁煙に関心を持つ一般の人々にも呼びかけて
禁煙及び受動喫煙防止を推進すること，を目的とする学会である。同学会は，3
種類の認定制度を設けている。

　第一は，禁煙サポーターの認定である。禁煙指導のできる同学会会員を学会指
定の講習会を受講することで認定する。

　第二は，同学会の認定指導者（認定指導医，認定指導看護師など）の認定である。
禁煙学を背景に EBM（Evidence-based Medicine）に基づいた禁煙指導ができる同学
会員を認定するという。試験による認定方法が採用されている。

　第三は，同学会の認定専門指導者（専門医，専門看護師など）の認定である。高
度な禁煙学の知識をもとに禁煙指導ができる同学会員を認定するという[6]。

　以上のように，いずれも学会員の中から認定される。

　多数の医学・薬学系学会の認定制度　　以上のほかにも，医学系学会による多
数の資格認定制度がある。一般社団法人日本摂食嚥下リハビリテーション学会認
定士，一般社団法人日本不整脈心電学会の植込み型心臓デバイス認定士，一般社
団法人日本人工臓器学会等の人工臓器管理技術認定士[7]，日本臨床補助人工心
臓研究会の人工心臓管理技術認定士，一般社団法人「日本くすりと糖尿病学会」
による糖尿病認定薬剤師，一般社団法人日本音楽療法学会の音楽療法士[8]，一
般社団法人日本臨床腫瘍薬学会の外来がん治療認定薬剤師，一般社団法人柔道整

5）「日本臨床試験学会（JSCTR）認定 GCP エキスパート規則（第2版）」第1条。

6）以上，同学会のウエブサイトによる。

7）日本人工臓器学会のウエブサイトによれば，この認定試験は，日本胸部外科学会，
　日本心臓血管外科学会，日本人工臓器学会，日本体外循環技術医学会，日本臨床補助
　人工心臓研究会の4学会1研究会の合同により実施されているという。

8）この認定資格を取得するには，まず，認定校コース（同学会の認定した資格試験受
　験認定校に入学し音楽療法について体系的に学ぶ））又は必修講習会コース（同学会
　の実施する受験のための講習会に参加する）のいずれかを選択したうえ，その後で，
　音楽療法士（補）試験と面接試験とが順次実施され，合格者に資格が付与される。

復接骨学会の認定柔道整復師などの認定制度がある。特定非営利活動法人日本胸部外科学会，一般社団法人日本呼吸器学会及び公益社団法人日本麻酔科学会の3学会は，3学会合同呼吸療法認定士認定委員会を設けて，臨床工学技士，看護師，准看護師，理学療法士，作業療法士の中で，それぞれの職種において呼吸療法を習熟し，呼吸管理を行う医療チームの構成要員を養成し，かつ，そのレベルの向上を図ることを目的として，認定制度を運用している。認定講習会の課程の履修と認定試験により認定を行っている[9]。

やや特殊な認定制度として，一般社団法人日本医療機器学会による医療機器情報コミュニケータ（Medical Device Information Communicator=MDIC）に触れておきたい[10]。同学会のウエブサイトによれば，それは，医療機器の基本的な適正使用及び関連する技術情報に必要な知識並びにコミュニケーション力を有するとともに，ヒヤリ・ハット，不具合情報等の医療機器に関する安全性情報の収集，あるいは提供の資質を有する者で，MDICセミナーを受講し，検定試験に合格した者から，申請を受けてMDICとして認定するという。この認定制度の重要性は，医療機関と製造販売業者等の双方にMDICが配置されることで，情報伝達が円滑となり，医療の安全に寄与するとともに，互いの信頼関係が生まれることにあるとされる。すなわち，医療機関の医療機器安全管理責任者と製造販売業者等の医療機器情報担当者とがMDICとしての連携をもつことに大きな意味があるというわけである[11]。

日本がん治療認定医機構によるがん治療認定医　一般社団法人日本がん治療認定医機構の社員は，その定款6条によれば，①日本癌学会，一般社団法人日本癌治療学会若しくは公益社団法人日本臨床腫瘍学会又は全国がんセンター協議会からそれぞれ同社団法人の社員として推薦された者，②関連学会連絡委員会委員長から同社団法人の社員として推薦され理事長が指名した者，③同社団法人の事

9）ただし，認定講習会及び認定試験等の業務は，公益財団法人医療機器センターが，認定委員会の委託を受けて実施している。

10）この認定制度を扱った文献として，渡邊雅俊ほか「病院MDIC認定者からみた認定制度の必要性に関する検討」医療機器学84巻1号3頁（平成26年）に接した。

11）この認定制度とは別に，個別の業界団体等が医療機器情報担当者の認定制度を設けていることがある。たとえば，一般社団法人日本眼科医療機器協会による眼科MDIRの認定，一般社団法人日本歯科商工協会による歯科器材MDRの認定など。

業に精通し，理事会が推薦した者，である。したがって，同社団法人の行っているがん治療認定医の認定は，医学系学会による認定と近似しているといってよいであろう。

　認定医の申請資格は，医師又は歯科医師の免許を有すること（歯科医師にあっては，歯科口腔外科の診療領域を専門とする歯科医師に限る）に加えて，次のいずれかの資格を有することが求められる。

① 所属する基本領域の学会の認定医又は専門医
② 一般社団法人日本専門医機構が認定する基本領域専門医
③ 日本口腔外科学会の専門医（ただし，歯科医師については，日本口腔外科学会の専門医の資格を有すること）

　さらに，所定の緩和ケア研修会を修了していること，機構の定める認定施設[12]において，機構の定めるがん治療に関する研修カリキュラムを修了していること，申請時より 5 年前の年の 1 月 1 日から申請時までの期間に別に定める審査基準を満たした学会発表・論文発表の業績を有すること，機構が開催する教育セミナーに参加し，受講後に行われる認定試験に合格していること（試験合格の有効期間は 5 年間），申請時より 5 年前の年の 1 月 1 日から申請時までの期間に別に定める学術単位を合計で 20 単位以上取得していること，が要件である。何とも厳しい要件である。以上は，新規認定申請の要件であり，5 年ごとの更新認定の申請に関しても別途要件がある。

　「がん治療認定医」及び「がん治療認定医（歯科口腔外科）」の，それぞれの要件は，機構のウエブサイトによれば，次のようになっている[13]。

　がん治療認定医とは，がん治療の共通基盤となる臨床腫瘍学の知識およびその実践を支える基本的技術に習熟し，医療倫理に基づいたがん治療を実践する優れた医師であって，次のような要件の充足を求められる。

　1．がん治療の全相（初期診断から終末期医療まで）における標準的な医療内容

---

12) 認定施設の認定申請の要件は，①全国がんセンター協議会加盟施設，②特定機能病院，③都道府県がん診療連携拠点病院，地域がん診療連携拠点病院，特定領域がん診療連携拠点病院，地域がん診療病院及び小児がん拠点病院，④その他，施設からの申請に基づき機構により承認された施設，のいずれかの施設であることとされている（定款 15 条）。

13) https://www.jbct.jp/doctor/outline.html

に関して説明責任が果たせる。

2．外科治療，薬物療法，放射線療法など各々の専門領域において，その標準的治療に対し，指導医・専門医との連携のもとに適正医療の継続に協力できる医師と認定するに必要不可欠な知識，医療経験を有する。

3．外科治療，薬物療法，放射線療法など各々の専門領域において，先端医療（臨床開発研究）の内容が理解できる。

また，がん治療認定医（歯科口腔外科）については，次のような要件を充足することが求められる。

1．がん治療の全相（初期診断から終末期医療まで）における標準的な医療内容に関して説明責任が果たせる。

2．外科治療，薬物療法，放射線療法など各々の専門領域において，その標準的治療に対し，指導医・専門医との連携のもとに適正医療の継続に協力できる歯科医師と認定するに必要不可欠な知識，医療経験を有する。

　　ただし，その診療領域については，歯科口腔外科の診療領域（口唇，頰粘膜，上下歯槽，硬口蓋，舌前3分の2，口腔底に，軟口蓋，顎骨［顎関節を含む］，唾液腺［耳下腺を除く］を加える部位を対象とする。）に限る。

　　また，悪性腫瘍の治療，口腔領域以外の組織を用いた口腔の部分への移植，その他治療上全身的管理を要する患者の治療に当たる歯科医師は適切に医師と連携をとる必要がある。

3．外科治療，薬物療法，放射線療法など各々の専門領域において，先端医療（臨床開発研究）の内容が理解できる。

　　また，資格審査に合格したがん治療認定医（歯科口腔外科）は，厚生労働省健康政策局・歯科口腔外科に関する検討会の第2回議事内容を遵守するものとする。

筆者には，歯科口腔外科の受診の際にがんが発見される可能性があるので，この歯科口腔外科のがん治療認定医の認定は，きわめて重要な認定制度のように思われる。

日本総合歯科学会による認定医　　一般社団法人日本総合歯科学会は，「総合歯科に必要な包括的知識，専門的技量および倫理観を有する優れた歯科医師を認定し，社会への啓発や情報提供をもって包括的な総合歯科診療の向上を図り国民の福祉に貢献することを目的」として，同学会認定医制度を設けている（日本総

合歯科学会認定医制度規則 1 条）。認定総合歯科医は，「一口腔単位の総合診療を理解し，その診療において適正な歯科医療，全人的医療ならびに全身管理を実践できるとともに，在宅歯科診療，地域に密着した歯科医療および先進医療を通じ，チーム医療ならびに福祉との連携を，コミュニケーションを保ち過不足なく遂行する能力を備える歯科医師であることを要する」とされている（同規則 2 条）。申請資格は，②日本国の歯科医師免許を有すること，②認定医申請時において，5 年以上の臨床経験と 3 年以上の連続した同学会の会員歴を有すること，③認定研修の研修内容を満たすこと，④認定医試験に合格すること，である（同規則 4 条）。

「認定研修」の要件は，①認定研修施設において 5 年以上診療および研究に従事すること，又はこれと同等以上の経歴を有すると認められること，②同学会の学術大会に出席すること，③総合歯科学に関連する発表を行うこと，④包括的歯科診療の疾患の診断及び治療を行うこと，⑤②〜④は，研修単位で表し，認定に必要な研修単位は 20 単位とする，とされている（同規則 7 条）。「認定医試験」は，筆記試験，認定症例の提出及び学会での症例報告とされ，学術大会開催時に実施する（同規則 8 条），という興味深い試験方法である。

　歯科医関連学会の認定制度　　以上のほかにも，歯科医関連学会の認定制度は多い。たとえば，公益社団法人日本矯正歯科学会，一般社団法人日本老年歯科医学会，一般社団法人日本有病者歯科医療学会，公益社団法人日本小児歯科学会，公益社団法人日本補綴歯科学会，一般社団法人日本障害者歯科学会，一般社団法人日本歯科技工学会，公益社団法人日本口腔インプラント学会などが，認定医制度を設けている。

2　医療・医学関連の認定

　日本医学教育評価機構による医学教育プログラムの認定　　医学・医療のグローバル化に鑑み，欧米諸国，アジア諸国と同様に，大学の機関別認証評価とは別途に医学教育の分野別評価が必要であるとして，一般社団法人日本医学教育評価機構（JACME）が設立された。同機構は，「わが国の医学教育の質を国際的見地から保証することによって，医学教育の充実・向上を図り，わが国の保健，医療，福祉，衛生，並びに国際保健に貢献するため，医学部・医科大学等における建学の理念を確認するとともに，世界医学教育連盟（WFME）の国際基準をふま

えて医学教育プログラムを公正かつ適正に評価することを目的」として，医学部・医科大学等の評価を実施し認定する事業を行っている。機構の正会員は，この法人の事業に賛同して入会した全国国公私立の医学部長（医学群長，医学類長等を含む），医科大学長，医科大学校長及び医師の育成を支援する団体（公益社団法人日本医師会，一般社団法人日本医学会連合，一般社団法人日本医学教育学会）の各代表者とされている[14]。医学部長等が構成員とされていることに注目したい。

　国際基準を満たしている旨の認定を受けているならば，当該医学部等の出身者が米国等の病院等に勤務できるメリットがあるという[15]。2012年度から文部科学省大学改革推進事業により医学教育分野別評価が試行されていたが，2017年3月に，JACMEは世界医学教育連盟（WFME）から国際的に通用する評価機関として認証を受け，医学教育分野別評価とその認定を開始している[16]。

日本医療機能評価機構による病院機能評価と認定　公益財団法人日本医療機能評価機構は，病院機能の評価を実施している。同機構のウエブサイトによれば，病院機能について，「患者中心の医療の推進」，「良質な医療の実践1」，「良質な医療の実践2」及び「理念達成に向けた組織運営」の4対象領域から構成される評価項目を用いて，病院組織全体の運営管理及び提供される医療について評価する。評価部会，評価委員会，運営会議を経て，評価結果が確定したならば，評価結果を申請した病院に通知する。一定の水準に達している病院が「認定病院」となる。認定の場合は，概ね3週間後には認定証を交付するという。全国の約3割の病院が，この病院機能評価を活用しているという。

健康評価施設査定機構による優秀施設の認定　一般社団法人健康評価施設査定機構は，2種類の優秀施設の認定を行っている。優秀健診施設と優秀スポーツセンター施設である。審査は，いずれも自己評価を記載した調査票について機構の定める認定基準に適合しているか否かを審査する書類審査と実地調査とからなる。このほか，「特定健診・特定保健指導」に関する認定も実施してきた。従来は，次に述べる日本総合健診医学会の第三者評価として，学会が作成した調査票

14）日本医学教育評価機構の定款による。
15）東京医科大学は，医学部の不適正入試を理由に平成30年11月22日に認定を取り消されたという。
16）日本医学教育評価機構のウエブサイトによる。

に基づき書面にて審査・認定を行ってきたが，平成30年度からは同医学会より機構に全面的に委譲され，調査票の配布から回収，審査・認定までを，すべて機構が実施することとなった。

日本総合健診医学会による優良総合健診施設の認定　医学会による認定であるが，前記の査定機構による優秀検診施設の認定と連続線上にあるのが，一般社団法人日本総合健診医学会による「優良総合健診施設」の認定である。認定の要件は，①施設が独立しており，一般診療受診者と区別されて総合健診が行われていること，②学会の規定する基準検査項目が行われていること，③総合健診全体の品質管理が行われていること，④受診者全員に対して当日面接を行い，健診結果の説明と生活指導を行うことができること，である。なお，この認定制度全体が適正であると認証し，同学会が優良総合健診施設として認定した施設は，第三者が認めた方法による認定施設であり，第三者による保証を担保する，としている。

日本臨床補助人工心臓研究会による補助人工心臓実施施設等の認定　日本臨床補助人工心臓研究会は，植込型補助人工心臓実施施設の認定を行っている。その認定基準は，補助人工心臓治療関連学会協議会の定める基準によっている。その基準は，次のとおりである。

⑴　心臓血管外科を標榜している心臓血管外科専門医認定修練基幹施設で，開心術の症例が年間100例以上ある。

⑵　補助人工心臓の装着手術が過去5年間に3例以上あり，うち1例ではその後連続して30日以上の管理を行い，その間にベッド外でのリハビリを行った経験がある。

⑶　心臓移植実施認定施設あるいは実施認定施設と密接に連携を取れる施設である。なお，連携とは，適応判定，植込型補助人工心臓装着手術及び装着後管理の指導並びに支援が受けられる条件にあることを意味する。

⑷　補助人工心臓（体外設置型）に関する施設基準を満たし，体外設置型補助人工心臓による緊急時の装着がいつでも施行可能である。

⑸　植込型補助人工心臓装着手術実施医基準を満たす常勤医が1名以上いる。

⑹　補助人工心臓治療関連学会協議会植込型補助人工心臓実施基準管理委員会が承認した研修を終了している医療チーム（循環器内科を含む医師，看護師，臨床工学技士を含む）があり，人工心臓管理技術認定士が1名以上いる。

⑺　補助人工心臓装着の適応を検討する施設内委員会があり，補助人工心臓装着患者を統合的に治療・看護する体制が組まれている。

⑻　補助人工心臓装着患者の在宅治療管理体制が組め，緊急対応が取れる。

⑼　施設認定を申請する段階でJapanese Registry for Mechanically Assisted Circulatory Support（J-MACS）へ参加し，その運営に協力することに同意を示すこと。また，J-MACSへの患者登録の同意取得に適正に対応することに同意を示すこと。さらに，J-MACSが，ISHLT Mechanical Assisted Circulatory Support（I-MACS）Registryに参加することに同意を示すこと。

⑽　補助人工心臓治療関連学会協議会植込型補助人工心臓実施基準管理委員会における認定・評価を受けること。なお，評価を受けることの同意，並びに，評価にて重大な問題点を指摘された場合には，管理中の患者に不利益が生じないよう然るべき措置を速やかにとることへの同意，を示すこと。

同研究会は，実施施設の認定と並んで，植込型人工心臓実施医の認定も行っている。その認定は，やはり，補助人工心臓治療関連学会協議会の定める基準によって行われている。

さらに，同研究会は，同様に，小児用補助人工心臓実施施設，小児用補助人工心臓実施医及び小児用植込型補助人工心臓装着手術実施医の認定も行っている。

医学物理士認定機構による認定　　一般財団法人医学物理士認定機構は，日本医学放射線学会，日本医学物理学会及び日本放射線腫瘍学会が財産を拠出して設立された一般財団法人で，医学物理学教育コース認定事業，医学物理士認定事業及び治療専門医学物理士認定事業を行っている。

同機構のウエブサイトによれば，医学物理士とは，放射線医学における物理的及び技術的課題の解決に先導的役割を担う者で，同機構が実施する医学物理士認定試験及び認定審査に合格した者である。医学物理士の業務には，医療，研究開発，教育の3分野があるという。

認定治療専門医学物理士は，臨床の現場で放射線治療に係る業務を積んだ医学物理士の専門的技量が一定の水準に達している場合に認定されるもので，令和元年5月よりスタートした新たな仕組みである。

医学物理教育コース認定は，医学物理教育コースの教育内容が同機構の定める医学物理教育カリキュラムガイドラインに従って行われているかどうかを審査し，要求事項が遵守されていることを確認するものである。

　日本看護協会による専門看護師等の認定　　公益社団法人日本看護協会は，専門看護師，認定看護師及び認定看護管理者の認定を行っている。

　「専門看護師」制度は，複雑で解決困難な看護問題を持つ個人，家族及び集団に対して水準の高い看護ケアを効率よく提供するための，特定の専門看護分野の知識・技術を深めた専門看護師を社会に送り出すことにより，保健医療福祉の発展に貢献し併せて看護学の向上をはかることを目的としているという。専門看護分野を特定して認定される点に特色がある。専門看護師制度は，日本看護系大学協議会と連携して運営されており，日本看護系大学協議会が，教育課程の特定，教育課程の認定・認定更新を行い，協会は，専門看護分野の特定，認定審査・認定更新審査等を行っている。専門看護分野は，平成7年のがん看護，精神看護に始まり，平成28年の遺伝看護，災害看護に至るまで，13分野が特定されている。

　専門看護師の役割は，①個人，家族及び集団に対して卓越した看護を実践する（実践），②看護者を含むケア提供者に対しコンサルテーションを行う（相談），③必要なケアが円滑に行われるために，保健医療福祉に携わる人々の間のコーディネーションを行う（調整），④個人，家族及び集団の権利を守るために，倫理的な問題や葛藤の解決を図る（倫理調整），⑤看護者に対しケアを向上させるため教育的役割を果たす（教育），⑥専門知識及び技術の向上並びに開発を図るために実践の場における研究活動を行う（研究），と多岐にわたっている。看護系大学院修士課程修了者で日本看護系大学協議会が定める専門看護師教育課程基準の所定の単位（総計26単位又は38単位）を取得していること，実務研修が通算5年以上（うち3年間以上は専門看護分野の実務研修）で看護師免許所持者の申請に基づき，書類審査と筆記試験による審査を行い認定する仕組みである。

　「認定看護師」は，特定の看護分野において，①個人，家族及び集団に対して，熟練した看護技術を用いて水準の高い看護を実践する（実践），②看護実践を通して看護職に対し指導を行う（指導），③看護職に対しコンサルテーションを行う（相談），という役割を担うものとされている。看護師免許取得後実務研修が通算5年以上（うち，3年以上は認定看護分野の実務研修）を受けている場合に，認定を受けることができる。認定看護分野は，2020年度からは19分野で，感染管理，がん放射線療法看護，がん薬物療法看護など，より専門化した看護分野の区分がなされている。

　「認定看護管理者」制度は，多様なヘルスケアニーズを持つ個人，家族及び地

域住民に対して，質の高い組織的看護サービスを提供することを目指し，看護管理者の資質と看護の水準の維持及び向上に寄与することにより，保健医療福祉に貢献するための制度である。所定の要件を満たしている者の申請により，書類審査と筆記試験とにより審査して認定を行っている。

日本放射線治療専門放射線技師認定機構による認定　　一般社団法人日本放射線治療専門放射線技師認定機構は，診療放射線技師国家資格所持者のうち，放射線治療に高い専門性を持つ診療放射線技師を，診療・研修実績と試験による評価を行ない，合格者に対して放射線治療専門放射線技師として認定している。この団体は，日本放射線技術学会，日本放射線腫瘍学会，日本診療放射線技師会の3学会（いずれも公益社団法人）が協調して設立した団体である。この認定制度は，放射線治療に対する専門性を統一的に評価するものであり，専門領域における十分な知識・経験を持ち，患者から信頼される標準的な放射線治療技術を提供できる診療放射線技師であることを示すものであるという[17]。診療放射線技師の免許を有すること，通算5年以上放射線治療に関する診療業務を行っていること，前記3学会のいずれかに継続して5年以上の会員籍を有していること，過去5年以内に別に定める認定単位を20単位以上取得していること，が必須の受験資格である。試験科目は，専門基礎領域と統合領域の科目から成っている。

磁気共鳴専門技術者の認定　　特定非営利活動法人日本磁気共鳴専門技術者認定機構は，磁気共鳴（MR）専門技術者の認定を行っている。MRI撮像技術の標準的なレベルアップを図るとともに，最先端技術をリードする技術者の育成とMRI検査における医療安全を啓発するために専門技術者を認定しているという。なお，この法人は，MR装置操作技術に関連する学術7団体（日本磁気共鳴医学会，日本医学放射線学会，放射線専門医会・医会，日本診療放射線技師会，日本放射線技術学会，日本臨床衛星検査技師会，日本画像医療システム工業会）から構成されている。これらの構成団体のいずれかに在籍し2年以上を経過していることが申請資格となっている。申請資格には，原則としてMRに関する学術研究発表を3回以上，若しくは学術誌への論文1編以上を有すること，試験実施日に実施される安全管理講習会の受講も含まれている。筆記試験が行われる。

MR認定センターによるMRの認定　　公益財団法人MR認定センターは，

17）https://www.radiation-therapy.jp/accreditation.shtml による。

MR（Medical Representatives）の認定を行っている。MR とは，製薬企業の営業部門に所属する人（又は人材派遣会社から派遣されて製薬企業で働いている人）で，医療機関を訪問することにより，自社の医療用医薬品（病院や診療所で医師の処方箋によって使用される医薬品）を中心とした医薬情報（医薬品及びその関連情報）を医療関係者（医師，歯科医師，薬剤師，看護師など）に提供し，医薬品の適正な使用と普及を図ること，使用された医薬品の有効性情報（効き目や効果的な使い方）や安全性情報（副作用など）を医療の現場から収集して報告すること，医療現場から得られた情報を正しい形で医療関係者にフィードバック（伝達）すること，などを主な業務とする者である[18]。

　　認定補聴器技能者の認定　　公益財団法人テクノエイド協会は，認定補聴器技能者の認定事業を行っている。この事業は，補聴器の安全かつ効果的な使用に資するため，一般社団法人日本耳鼻咽喉科学会の補聴器相談医の診断・指導に基づき，次の事項を的確に行うために必要な補聴器に関する知識及び技能を修得していると認定できる補聴器技能者の養成を目的としている（認定補聴器技能者養成要綱1条）。

　　一　補聴器装用希望者の聴こえの状況を把握するための所要の質問

　　二　補聴器装用希望者の相談，要望等に基づく適切な補聴器の選定

　　三　前号の補聴器を当該装用希望者が，安全かつ最善の補聴効果を得て使用
　　　　できるものとするための測定と適合調整（フィッティング）

　　四　前号の補聴器についての使用指導（アフターケアに関する事項を含む。）

　　五　前各号に掲げる事項についての記録の作成及び保管

　養成課程（第1期～第4期）及び認定補聴器技能者認定試験とから構成されている。

　なお，同協会は，認定補聴器技能者の認定と並んで，「認定補聴器専門店」の認定を実施している。同協会の「認定補聴器専門店業務運営基準」によれば，当該店舗に認定補聴器技能者が常勤していること（人的要件）のほかに，物的要件及び業務実施上の要件が詳細に定められている。以下に掲げておこう。

〔物的要件〕

⑴　当該店舗の構造・設備が，利用者の相談への対応，必要な測定，調整，適

18）https://mre.or.jp/info/aboutmr.html による。

合等を行うのに適切なものとなっていること。当該店舗において，補聴器関
係事業以外の事業を併せ行う場合は，補聴器関係事業に使用する区域が，障
壁，通路等により他の事業に使用される区域と区分されていること。

(2)　十分な性能を有する次の設備・器具を整備していること。

　ア　補聴器調整のための測定ができる設備，施設

　イ　補聴器特性測定設備

　ウ　補聴器装用効果測定のための設備

　エ　補聴器修理等のための設備・器具

　オ　イヤモールドの補修，修正のための加工用設備・器具

　カ　器具の消毒のための設備

〔業務実施上の要件〕

(1)　日本耳鼻咽喉科学会が認定する補聴器相談医と連携して事業を行うことを
原則としていること。

(2)　相談への対応，機種の選定，調整，適合，使用指導等は，認定補聴器技能
者によって，又は認定補聴器技能者の指導・監督のもとで行われていること。

(3)　店舗及び業務運営について，適切な衛生管理を行っていること。

(4)　補聴器の修理を行う場合は，医薬品医療機器等法に基づく補聴器修理業の
許可を得ていること及び責任技術者が常勤していること。

(5)　補聴器購入者ごとに，販売・修理した機種，実施した調整，適合等に関す
る記録を，その日付を付して，作成していること。

(6)　販売した補聴器についての必要な調整，苦情等に適切に対応していること。

(7)　補聴器の購入希望者の難聴の症状，使用目的，使用環境等に対応できる各
種の機種を揃えておくこと。

(8)　補聴器利用者等に必要な補聴器以外の難聴者関連用品についての情報を提
供していること。

(9)　誇大広告，通信販売等不適切な販売活動等を行わないこと。

(10)　その他，社会的信頼を損なう行為を行わないこと。

　これらの要件を見ると，国の代行機関といえるほどの厳しい内容となっている。

　同協会は，そのホームページに掲載の「設立の目的」によれば，福祉用具に関
する調査研究及び開発の推進，福祉用具情報の収集及び提供，福祉用具の臨床的
評価，福祉用具関係技能者の養成，義肢装具士に係る試験事務[19]等を行うこと

により，福祉用具の安全かつ効果的な利用を促進し，高齢者及び障害者の福祉の増進に寄与することを目的としている。したがって，前記の認定業務にとどまらない広い活動を行う法人である。

　　臨床心理士等の認定　　公益財団法人日本臨床心理士資格認定協会は，臨床心理士の資格認定を行っている。所定の受験資格を有する者に対して，筆記試験と口述試験とを実施して資格認定を行う。審査内容は，臨床心理士として必要な臨床心理査定，臨床心理面接，臨床心理的地域援助及びそれらの研究調査等に関する基礎的知識と技能であるという。受験資格には，指定大学院を修了し所定の条件を満たしている者，臨床心理学又はそれに準ずる心理臨床に関する分野を専攻する専門職大学院を修了した者などとされている。

　特定非営利活動法人日本臨床心理カウンセリング協会は，臨床心理学領域のカウンセリングや心理療法の様々な知識，技術を，社会に有用とされるサービスとして提供できる専門家である認定臨床心理カウンセラーの認定を行っている。また，同協会は，認定臨床心理カウンセラーとしての能力を有し，かつ，クライアントが求める今とこれからの姿を実現するための具体的方法・対策を効果的にクライアントが身につけ，できるようになるための援助として，心理療法を適切に提供できる専門家としての認定臨床心理療法士の認定を行っている。同協会は，さらに，催眠療法を適切に提供できる専門家としての催眠心理セラピスト，認定臨床心理カウンセラーとしての能力を有し，かつ，フラワーサイコセラピーの知識，技術を社会に有用とされるサービスとして提供できる専門家としてのフラワーサイコセラピストの認定も行っている。

　一般社団法人日本スパ協会は，スパセラピストの技能認定制度を設けている。スパセラピストの質の向上と技術格差の解消を図ることを目的とした認定制度であり，スタンダードⅠ，スタンダードⅡ，プロフェッショナルの 3 段階がある（本書 99 頁を参照）。スタンダードⅠについては，同協会の認定校（本書 107 頁を参照）を卒業若しくは卒業見込みであることが，受験資格の一つとされている。

　一般社団法人日本臨床衛生検査技師会は，認定一般検査技師，認定心電検査技師，認定臨床染色体遺伝子検査師，認定病理検査技師，認定認知症領域検査技師，認定救急検査技師などの認定を行っている。

19）同協会は，義肢装具士法による指定試験機関に指定されている。

　公益社団法人日本臨床工学技士会は，5領域の臨床工学技士（血液浄化専門臨床工学技士，不整脈治療専門臨床工学技士，呼吸治療専門臨床工学技士，高気圧酸素治療専門臨床工学技士，手術関連専門臨床工学技士）の認定を行っている。各領域の業務に携わり業務内容を適切に把握し，指導的立場で専門的治療の対応ができる能力（知識・技術・技能）を修得した臨床工学技士の育成を目指す認定制度である。

　認定動物看護師　一般財団法人動物看護師統一認定機構は，認定動物看護師の資格認定を行っている。動物看護職の知識・技術の高位平準化の推進のために，同機構が全国統一試験及び試験に基づく資格認定の統一実施を行っている。適正な獣医療の提供体制の整備に寄与することを目的としている[20]。同機構は，一般財団法人日本動物看護職協会，公益社団法人日本動物病院協会，公益財団法人日本獣医師会を含む10の団体が設立団体となっている。

　なお，愛玩動物看護師法（令和元年法律第50号）により，「愛玩動物看護師」なる国家資格が創設され，国家試験に合格し免許を受けなければならないこととされた（3条）。前記の機構は，この試験の指定試験機関（34条）として指定された。これにより，愛玩動物看護師となる者については，機構による認定制度はなくなり，それ以外の動物に関する看護師の認定制度は存続することになる。ここには，民間団体による認定制度の一部が，国家試験に基づく大臣免許制度に移行し，その国家試験について民間団体が指定試験機関に指定されるという興味深い現象が見られる。

　メンタルヘルス運動指導士・メンタルヘルス運動指導員の認定　日本スポーツ精神医学会は，メンタルヘルス運動指導士・メンタルヘルス運動指導員の認定を行っている。これらの認定制度は，①精神科関連施設（病院や作業所など）における精神科運動指導に関する専門的知識修得と実践，②精神障害者スポーツにおける競技指導を行う際の専門的知識修得と実践，③心の健康増進と疾病予防に関わる運動指導に関する専門的知識修得と実践，を目的としている。

　「メンタルヘルス運動指導士」は，精神医学や運動療法の基礎知識を有し，精神科患者の運動療法の計画・立案，実施等に関わった経験があるか，若しくは相応の研究調査の実績がある者であり，「メンタルヘルス運動指導員」は，精神医学や運動療法の基礎知識は有しているものの精神科患者の運動療法の計画・立案，

---

20) https://www.ccrvn.jp/

実施等に関わった経験がないか，若しくは経験が十分でない者で，今後，精神医学の基礎知識及び精神科患者の運動療法の実務経験を積んでいく者である。

　メンタルヘルス運動指導士の資格申請要件は，日本スポーツ精神医学会会員であり，講習会参加後，以下の要件を満たさなければならない。

　1．精神科・心療内科医師の場合（次のいずれか）

⒜　精神科患者の運動療法の計画立案・実施常勤職員（週4日以上の勤務）の場合，精神科患者の運動療法の立案，実施等に関わった経験が2年以上あること（週1日勤務であれば4年以上，週2・3日勤務は3年以上。現在，過去を問わない）。

⒝　学会入会後2年以上が経過した者で精神科患者のスポーツや運動療法に関する研究・調査に従事する者で，所定の業績を提出すること。

　2．医師（精神科・心療内科医師以外），看護師，精神保健福祉士，作業療法士，臨床心理士，理学療法士，薬剤師，栄養士資格保有者の場合（次のいずれか）

⒜　精神科患者の運動療法の計画立案・実施常勤の場合，メンタルヘルス運動指導士の資格を持った精神科医の指導の下で精神科患者の運動療法の計画・立案，実施等に関わった経験が2年以上あること（週1日勤務であれば4年以上，週2・3日勤務は3年以上。現在，過去を問わない）。

⒝　学会入会後2年以上経過した者で精神科患者のスポーツや運動療法に関する研究・調査に従事する者で，所定の業績を提出すること。

　3．運動指導関係者の場合（次のいずれか）

⒜　精神科患者の運動療法の計画立案・実施メンタルヘルス運動指導士の資格を持った精神科医の指導の下で精神科患者の運動療法の計画・立案，実施等に関わった経験が3年以上（週1日勤務であれば5年以上，週2・3日勤務は4年以上。現在，過去を問わない）。

⒝　学会入会3年以上で精神科患者のスポーツや運動療法に関する研究・調査に従事する者で，所定の業績を提出すること。

　メンタルヘルス運動指導員の資格申請要件は，次のいずれかである。

　1．メンタルヘルス運動指導士の資格を持った精神科医の指導の下で常勤としてメンタルヘルスに関する運動療法の計画・立案，実施等に関わった経験が3年以上（週1日勤務であれば5年以上，週2・3日勤務は4年以上）あり，その期間を証明するメンタルヘルス運動指導士の資格を持った精神科医の署名・

捺印の入った書類を提出し，資格認定審査会で認定されること。

2．精神科患者のスポーツや運動療法に関する研究・調査に従事する者で，所定の研究業績があること。

薬事法有識者会議による薬事法管理者の認定　　薬事法有識者会議は，薬事法管理者の認定を行っている。薬事法有識者会議は，薬事法に関連する学識経験者，実務経験者などによって構成される頭脳集団であるという。しかし，法的形態は，株式会社である。この認定は，健康食品・健康器具・医薬品通販などのヘルスケアビジネスに関する法的ルールを修得した管理者の普及を意図している。薬事法管理者は，ヘルスケアビジネスにおいて薬事法の専門家として基礎的な知識を持つ者として認定される。

薬事法管理者認定規約4条によれば，認定基準は，次のとおりである。

① ヘルスケアビジネスにおいて薬事法の専門家として基礎的な知識を有すること。

② 薬事法有識者会議（甲）が指定する「薬事法管理者認定試験受験対策講座」の修了試験に合格し，かつ甲が主催する「薬事法管理者資格認定試験」（「薬事法管理者認定試験」，「コスメ薬事法管理者認定試験」のいずれか）に合格し，登録講習を受講した者であること。

③ 薬事法管理者認定者規約に同意すること。

有効期間は，1年で，更新手続・入金を行い，所定の更新講習を受講し，チェックテストを修了することで1年間延長され，以後毎年これを繰り返すものとされている（7条）。有効期間が1年とされているのは，薬事法の動きが激しいという理由によるのであろうか。とにかく短い有効期間である。

第4章　資格・能力等の認定

1　技術者資格の認定

情報処理学会による認定情報技術者の認定　　一般社団法人情報処理学会は，認定情報技術者（CITP：Certified IT Professional）の認定を実施している。高度の専門知識と豊富な業務実績を有する情報技術者に，この資格を付与することにより，その能力を可視化するとともに，資格を有する情報技術者からなるプロフェッショナルコミュニティを構築することを目的としているという（同学会のホームページによる）。

日本機械学会による計算力学技術者資格の認定　　一般社団法人日本機械学会は，計算力学技術者資格認定を実施している。認定は，同資格認定事業委員会を設けて行っている。解析品質の保証，製品の開発効率・性能・安全性の向上を実現するための技術レベルが社内外で正しく評価される認定資格で，上級アナリスト認定，1・2級認定及び初級認定があるという（以上，同学会のホームページによる）。

土木学会技術推進機構による技術者認定　　土木学会の中に設置されている土木学会技術推進機構は，独自の土木技術者資格を設けて認定をしている。そのウエブサイトにより概略を述べよう。この認定技術者制度を創設した理由は，組織よりも個人の力量が重視される時代を迎えて，①土木技術者を評価し，活用する仕組みづくり，②土木技術者としてのキャリアパスの提示，③土木技術者の継続的な技術レベルの向上，を土木技術の専門家集団である土木学会が主体的に行うことにあるという。このうち，特に注目したいのは，③の継続的な技術レベルの向上である。ウエブサイトにおいて，「土木技術者がその責務を果たすためには，最先端の研究成果を現場に迅速に反映させることも必要不可欠です。そのためには，第一線で活躍する土木技術者の技術レベルを継続教育等によって恒常的に高

めていく必要があります」と述べている。

　土木学会技術推進機構は，4種の技術者の資格を認定している。

　　　特別上級土木技術者（Executive Professional Civil Engineer）

　　　　　専門分野における高度な知識および豊富な経験に基づく広範な見識により，日本を代表する技術者として土木界さらには社会に対して，多面的に貢献できる能力。

　　　上級土木技術者（Senior Professional Civil Engineer）

　　　　　複数の専門分野における高度な知識，あるいは少なくとも1つの専門分野における豊富な経験に基づく見識を有し，重要な課題解決に対してリーダーとして任務を遂行する能力。

　　　1級土木技術者（Professional Civil Engineer）

　　　　　少なくとも一つの専門分野における高度な知識を有し，自己の判断で任務を遂行する能力。

　　　2級土木技術者（Associate Professional Civil Engineer）

　　　　　土木技術者として必要な基礎知識を有し，与えられた任務を遂行する能力。

　試験に合格した者の申請に基づいて認定証が交付される。この認定土木技術者は，個人としてのみならず，公共部門の入札において入札参加者が備える技術者の要件等として活用されることがある点においても，重要な意味をもっている。

　デジタル・アーキビストの認定　　　特定非営利活動法人日本デジタル・アーキビスト資格認定機構は，デジタル・アーキビストの認定を行っている。有形無形の歴史・文化資産などをデジタル方式で記録し，データベース技術を用いて保存，蓄積し，ネットワーク技術を用いて活用することを「デジタルアーカイブ」と呼ぶようである。前記の機構は，このようなデジタルアーカイブのために，文化・産業資源等に対して，著作権，プライバシー等の理解ならびにデジタル化の知識と技能をもち，収集・管理・保護・活用・創造を担当できる人材を「デジタル・アーキビスト」として認定している。複数の資格がある。「デジタルアーカイブクリエータ」（基礎的なデジタルアーカイブの作成能力のある者），「準デジタル・アーキビスト」（基本的なデジタルアーカイブ制作能力のある者），「デジタル・アーキビスト」（デジタルアーカイブ制作能力のある者），及び「上級デジタル・アーキビスト」（デジタルアーカイブの計画と指導能力のある者）の4種類である。資格の取得方

法には，大別して二つの方法がある。

　一つは，機構が認定した大学院・大学・短期大学等で必要な単位を取得することを前提にして，認定試験に合格する方法である（デジタルアーカイブクリエータを除く）。準デジタル・アーキビストの場合は，認定養成機関（大学・短大）で必要な単位を取得し，機構の行う認定試験に合格することが求められる。特定非営利活動法人，株式会社，一般社団法人も，認定養成機関として認定されている。デジタル・アーキビストの場合は，認定養成機関で機構の定める科目の必要単位を取得し，機構の行う認定試験に合格する必要がある。上級デジタル・アーキビストの場合は，大学院で機構の定める科目の必要単位を取得してデジタルアーカイブ関係の修士論文を作成することが求められる。

　もう一つの方法は，機構が認定した認定養成機関が開催する講習会を受講して，機構の行う認定試験に合格するものである。上級デジタル・アーキビストには，この方法は用意されていない。

　河川維持管理技術者・河川点検士の認定　　一般財団法人河川技術者教育振興機構は，河川維持管理技術者及び河川点検士という2種類の河川技術者の資格認定を行っている。河川の維持管理を通じて社会に貢献する河川技術者の輩出と，河川技術者に対する社会的評価の向上を目指して実施する認定であるという。

　河川維持管理技術者には，河川の状態把握と分析，対応案の検討技術，地域の河川の特性や改修・災害等の特性・履歴に関する十分な理解，河川管理上の判断に有益・的確な提案とそれに必要となるコミュニケーションを行う能力が求められる。書類審査と論述試験及び面接試験を行って認定している。この資格試験を受験しようとする者向けに，機構は，講習会を実施している。求められる能力において注意すべきは，「地域の河川の特性や改修・災害等の特性・履歴に関する十分な理解」である。そこで，機構の前記講習は，全国9会場において実施され，全国共通のテキストを用いた基本プログラムと各地方独自のテキストを用いた希望者向けの応用プログラムにより構成されている。しかし，昨今の河川の堤防の決壊による水害を目にするときに，この資格認定が，どこまで信頼できるものとして高められるかを注目したい。

　河川点検士には，点検要領等のマニュアル類に即して的確に河川の維持管理に必要な点検を実施できる技術が求められる。書類審査と CBT 試験（Computer Based Testing）を行って認定している。

第4章　資格・能力等の認定

　下水道管理関係の技術者の認定　　公益社団法人日本下水道管路管理業協会は，下水道管理関係の複数の資格認定制度をもっている。

　「下水道管路管理総合技士」は，下水道及び下水道管路施設に関して高度な専門知識と見識を有し，業務に関して的確な判断ができ，安全衛生，教育等について指導監督ができるほか，維持管理計画等を立案し，必要な技術提案ができる水準の者である。筆記試験と面接試験がある。

　「下水道管路管理主任技士」は，下水道及び下水道管路施設に関して専門知識を有し，専門技士や作業員等に適切な指示を与え，業務を適切に実行できるほか，施工（業務）計画書や成果報告書の作成ができる水準の者である。学科試験と実地試験がある。

　「下水道管路管理専門技士」には，3部門がある。「清掃部門」及び「調査部門」の専門技士は，下水道及び下水道管路施設に関して基礎的な知識及び専門的技術・技能を有し，業務について状況に応じた適切な機械器具等を選定し，作業員等に指示して的確に業務処理ができるほか，成果内容を報告できる水準にある者である。また，「修繕・改築部門」の専門技士は，下水道及び下水道管路施設に関して基礎的な知識を有するとともに，修繕・改築に関して専門的技術を有し，作業員等に指示し的確に施工管理ができる水準の者である。共通に，学科試験，実技試験及び実地試験がある。

　冷媒フロン類取扱技術者の認定　　冷媒フロン類の点検，回収，充塡の技術者に関しては，第一種及び第二種の技術者認定制度がある。

　第一種冷媒フロン類取扱技術者の認定は，一般社団法人日本冷凍空調設備工業連合会が行っている。この技術者は，点検，回収，充塡に関するすべての機器についての知見を求められる。

　第二種冷媒フロン類取扱技術者に関しては，一般財団法人日本冷蔵・環境保全機構が認定を行っている。この技術者は，回収についてはすべての機器の知見を，点検と充塡については一定規模以下の機器についての知見を，求められる。

　芝草管理技術者資格の認定　　特定非営利活動法人日本芝草研究開発機構は，芝草管理技術者の認定を行っている。この資格認定制度は，ゴルフ場などのスポーツ施設，公園緑地，道路のり面などの芝生の維持管理に携わる者の技術の向上，環境保全に貢献するためのものである。資格には，3級，2級及び1級があり，それぞれのレベルの研修会を受講し試験に合格した者が認定される。3級の

受験資格は年齢18歳以上で（実務経験は問わない），筆記試験のみである。最近は，スポーツ庁の後援を受けているという。2級の受験資格は，3級の資格を有し，原則として3年以上の実務経験があることとされ，筆記試験のみである。3級の受験資格は，2級資格を有し，5年以上の実務経験があることとされ，筆記試験と面接試験がある。

日本眼鏡技術者協会による認定眼鏡士　公益社団法人日本眼鏡技術者協会は，認定眼鏡士の制度を設けている。同協会のウエブサイトに公開されている同協会の「認定眼鏡士制度ガイドライン」は，この制度の目的として，「眼鏡技術」に関する公的資格制度がない現在，消費者に安心して利用してもらえるようにするための技術者認定を「公的資格へ到達するステップとして，業界認定資格制度を確立すること」を挙げている。公的資格に高めることが望ましいというニュアンスも垣間見える。「消費者が安心できる技術・サービスの提供」を可能する手段としての位置付けである。

S級，SS級，SSS級に分かれ，標準的なSS級についてみると，①3年制以上の眼鏡学校[1]卒業生で，眼鏡学校の行うSS級認定試験に合格した者（4年制通信課程修了者を含む），②協会が行うSS認定眼鏡士試験に合格した者，③S級取得後，ガイドラインの定めるSS級への進級条件を満たした者又は協会が行うSS級認定眼鏡士試験に合格した者，としている。

なお，有効期間は3年で，その間に3回以上の生涯教育認定講習会を受講しなければ更新されない。生涯教育認定講習会として扱われるのは，協会が行う生涯教育，実技講習，専門講座並びに通信講座のほか，各眼鏡学校が主催する卒業生及び認定眼鏡士を対象とするオープンセミナー，日本眼鏡学会が開催する年次セミナー・オープンセミナーなど多種類ある。

アンテナ工事士の認定　一般社団法人アンテナ技術信用保証協会は，地上波デジタル放送受信，BS・CS衛星放送受信，FM放送受信のアンテナ工事に係る工事士を第1級，第2級に分けて認定している。第2級は戸建て住宅対象工事，第1級はこれに集合住宅が加えられた全般の工事を対象とする資格である。第1級は，学科講習・学科試験と実技試験により，また，第2級は，学科試験と実技試験により，認定される。第1級の受験資格は，第2級アンテナ工事士資格取得

1）認定対象となる眼鏡学校は，令和元年現在，5校である。

者のうちアンテナ工事会社における5年の実務を証する者とされている。

　樹木医・樹木医補の認定　　一般財団法人日本緑化センターは，樹木医及び樹木医補の認定を行っている。

　樹木医とは，同法人のウエブサイトによれば，樹木の調査・研究，診療・治療，公園緑地の計画・設計・監理などを通して，樹木の保護・育成・管理や，落枝や倒木等による人的・物損被害の抑制，後継樹の育成，樹木に関する知識の普及・指導などを行う専門家であるという。樹木医になる応募資格は，所定の業務経歴が7年以上の者（樹木医補の場合は，認定後の業務経歴が1年以上の者）である。樹木医に必要な知識及び技術について行う第1次審査（筆記試験及び業績審査）の後に，研修・筆記試験・面接試験を実施し，その結果に基づいて樹木医制度審議会による審査を行い総合的評価に基づき合格者を決定する（第2次審査）。

　樹木医補の認定は，認定・登録を受けた樹木医補資格養成機関[2]に在学し，養成機関が認定を受けた「分野別科目対応表」のうち講義科目6分野14単位以上，実験・実習科目4分野4科目以上，を履修して卒業した学生に対して，申請によりなされる。前記のように，樹木医補は，業務経歴年数が，認定後1年と，著しく短縮されている。

2　福祉・保育サービス等の資格認定

　認定社会福祉士認証・認定機構による認定　　任意団体の認定社会福祉士認証・認定機構[3]は，認定社会福祉士の認定及び認定上級社会福祉士の認定を行っている。同機構の正会員は，公益社団法人日本社会福祉士会，公益社団法人日本医療社会福祉協会，特定非営利活動法人日本ソーシャルワーカー協会，一般

2）平成30年9月時点において，認定・登録されている養成機関の種類は，大学（北海道大学ほか）のほか，短期大学（西日本短期大学ほか），専門学校（札幌工科専門学校ほか），大学校（山形県立農林大学校ほか）と多岐にわたっている。

3）この機構は，平成18年12月の社会保障審議会福祉部会報告書が，資格取得後の社会福祉士について，より専門的な知識及び技能を有する専門社会福祉士（仮称）の認定の仕組みを検討することを提言したのを受けて，翌年の社会福祉士及び介護福祉士法の改正法案の可決成立に当たり付された附帯決議においても同趣旨が宣言されたことを受けて，日本社会福祉士会が検討を進めて，平成23年に設立されたものである。

社団法人日本ソーシャルワーカー教育学校連盟，社会福祉法人全国社会福祉協議会及び全国社会福祉法人経営者協議会である。

　同機構のウエブサイト[4]によれば，以下のような仕組みである。

　まず，この認定は，高度な知識と卓越した技術を用いて，個別支援や他職種との連携，地域福祉の増進を行う能力を有する社会福祉士のキャリアアップを支援する仕組みとして，実践力を認定する制度であるという。

　認定社会福祉士の認定を受けるには，次の要件を満たす必要がある。

1．「社会福祉士及び介護福祉士法」に定める社会福祉士資格を有すること。
2．日本におけるソーシャルワーカーの職能団体で倫理綱領と懲戒の権能を持っている団体の正会員であること。
3．相談援助実務経験が社会福祉士を取得してから5年以上あり，かつ，この間，原則として社会福祉士制度における指定施設及び職種に準ずる業務等に従事していること。このうち，社会福祉士を取得してからの実務経験が複数の分野にまたがる場合，認定を受ける分野での経験は2年以上あること。
4．上記，実務経験の期間において，別に示す「必要な経験」があること。
5．次のいずれかの研修を受講していること。
　ア　認められた機関での研修（スーパービジョン実績を含む）を受講していること。
　イ　認定社会福祉士認証・認定機構が定めた認定社会福祉士認定研修を受講していること。

　また，認定上級社会福祉士の認定を受けるには，次の要件を満たす必要がある。

1．社会福祉士及び介護福祉士法に定める社会福祉士資格を有すること
2．日本におけるソーシャルワーカーの職能団体で倫理綱領と懲戒の権能を持っている団体の正会員であること
3．認定社会福祉士の認定をされていること
4．相談援助実務経験が認定社会福祉士を取得してから5年以上あり，かつ，この間，原則として社会福祉士制度における指定施設及び職種に準ずる業務等に従事していること。

4）https://www.jacsw.or.jp/ninteikikou/

5．上記，実務経験の期間において，別に示す「必要な経験」があること。

6．認められた機関での研修（スーパービジョン実績を含む）を受講していること。

7．定められた実績があること。

8．基準を満たした論文発表又は認められた学会における学会発表をしていること。

9．試験に合格すること。

　認定介護福祉士認証・認定機構による認定介護福祉士の認定　　国家資格である介護福祉士の上位資格として，一般社団法人認定介護福祉士認証・認定機構[5]が認証・認定を行う民間資格として，認定介護福祉士の資格がある。同機構の「認定介護福祉士認定規則」によれば，認定介護福祉士は，「社会福祉士及び介護福祉士法」2条2項に定める心身の状況に応じた介護等を行う者であって，居住・施設系サービスを問わず，多様な利用者・生活環境，サービス提供形態等に対応して，より質の高い介護実践を前提とした介護サービスマネジメント，介護と医療の連携強化，地域包括ケア等に対応するための考え方や知識，技術，実践力等を認定介護福祉士養成研修で修得した者をいい，次に掲げる役割を果たすとされている（規則2条）。

① 介護職の小チームのリーダーに対する教育指導

② 介護サービスマネジメントを行い，介護職チームのサービスの質を向上させる役割

③ 地域包括ケアを推進するため，介護サービス提供において他職種（医師，看護師，リハビリテーション職等）との連携・協働を図る役割

④ 地域における，施設・事業所，ボランティア，家族介護者，介護福祉士等の介護力を引き出し，地域の介護力の向上を図る役割

　かくて，介護福祉士よりも，いっそう多様な利用者や環境に対応できるための知識やスキルの修得，介護職員にサービスの質向上を指導するスキルと実践力を

5）同機構の正会員は，団体及び個人からなっている。団体会員は，一般社団法人全国介護事業者協議会，公益社団法人全国老人保健施設協会，公益社団法人日本介護福祉会，日本介護福祉士養成施設協会及び社会福祉協議会である。個人会員は，目下，6名である。

磨いて得られる資格である。介護福祉士のリーダー的存在として位置づけられるという。

　認定申請の要件は，①社会福祉士及び介護福祉士法に定める介護福祉士資格を持っていて，かつ実務経験が5年以上であること，②認定介護福祉士研修として認証された研修を修了していること，である（規則5条）。認定委員会による書類審査を経て，機構の理事会により決定される。認定介護福祉士となることができる者が認定介護福祉士になるには，機構に名簿登録をしなければならない（同10条）。認定介護福祉士の認定有効期間は，認定介護福祉士名簿登録後5年を経過した後の3月末日までである（同11条）。

　更新申請には，次の要件を満たさなければならない（同13条）。
① 社会福祉士及び介護福祉士法に定める介護福祉士資格を有すること
② 認定介護福祉士であること
③ 認定後一定の実務経験等があること
④ 機構の定める認定介護福祉士更新研修を修了していること
⑤ 認定後に現任研修又は介護福祉に関する研修における講師等，若しくは介
　護福祉士に関する学会等での発表等の実施歴が一定以上あること
　更新の場合に，新規認定に比べて，要件が加重されていることがわかる。

　ベビーシッター資格の認定　　ベビーシッターを依頼しようとする者は，信頼できるベビーシッターであることが最低の条件である。そこで，公益社団法人全国保育サービス協会は，在宅保育（個別保育）のプロとしてのベビーシッターの専門性を高めるため「認定ベビーシッター」資格を付与する資格認定を実施している。「認定ベビーシッター」資格の取得方法には二通りある。

　一つは，協会が実施する研修会を受講し，認定試験を受験する方法である。協会が実施する研修会を修了し，かつ，ベビーシッター（在宅保育）の実務経験をもつ者が認定試験を受験することができる。合格すると「認定ベビーシッター」資格が付与される。

　もう一つは，「認定ベビーシッター資格取得指定校」として協会が指定した保育士を養成する学校において，保育士資格取得のための指定科目のほかに「在宅保育」に関する科目を履修し単位を取得して，卒業（卒業見込みを含む）すると「認定ベビーシッター」資格が付与される。したがって，この方法においては，協会は，資格取得指定校の指定において役割を果たしていることになる。児童福

祉法 18 条の 6 第 1 号に規定する保育士を養成する学校において，保育士の資格
取得に必要な科目のほかに，協会が定める「在宅保育」に関する科目（半期 2 単
位）を新設することが指定要件である。

　　障害者雇用資格認定機構による **SSP 資格の認定**　　公益社団法人障害者雇用
資格認定機構は，障害者サポートプランナー（SSP）資格の認定を行っている。
シルバー世代の者で，障害者の様々な個性を知り，学び，機構のガイドラインに
基づく資格認定試験に合格したものを認定するという。同機構は，障害者を雇用
する企業や事業所が一定の基準を満たし障害者が安心・安全・笑顔で働ける職場
であることを証する HEQE 認定も実施している（本書 125 頁を参照）。

　　日本心理学会による**認定心理士の認定**　　公益社団法人日本心理学会は，「大
学における心理学関係の学科名が学際性を帯びてきて，必ずしも「心理学」とい
う，直接的名称が使われていない場合が多いことから，心理学の専門家として仕
事をするために必要な，最小限の標準的基礎学力と技能を修得している」旨の認
定をしているという[6]。とくに認定のための試験をするわけではなく，資格に
必要な科目の単位を取得している場合に認定するとされている。大学教育が学際
性を追求している中で，このような認定を学会としてせざるを得ないことに驚き
を感じざるを得ない。本節に完全に収まる資格ではないが，ここに挙げておく。

3　指導者の認定

　　全国ラジオ体操連盟による**公認指導者の資格認定**　　NPO 法人全国ラジオ体
操連盟は，公認指導者の資格認定を実施している。同資格認定規程によれば，次
の 3 種の資格があり，その認定のための審査は認定委員会が行うこととしている。

　 1 級ラジオ体操指導士：ラジオ体操等の優れた技能と指導力をもって従来から
　　　継続的に普及推進活動に当たり，多方面にわたる活動を行いかつ高い実績
　　　を有し，原則として全国地域を対象に普及推進活動ができる者。この認定
　　　の審査を受けることができる者は，受験する年度の前々年度以前において
　　　 2 級ラジオ体操指導士の資格を取得し，ラジオ体操等の指導，普及推進活
　　　動を行っている者である。

　6）同学会のウエブサイトによる。

２級ラジオ体操指導士：ラジオ体操等の優れた技能をもって従来から継続的に普及推進活動に当たり，かつ高い実績を有し，原則として都道府県内を対象に普及推進活動ができる者。この認定の審査を受けることができる者は，受験の申込時において既にラジオ体操指導員の資格を取得し，ラジオ体操等の普及推進活動を行っている者である。

ラジオ体操指導員：ラジオ体操等の技能を有し，原則として居住している近隣地域を対象に普及推進活動ができる者。この資格認定を申請する受験者は，連盟公認のラジオ体操等指導者講習会を修了後１か月以内に申請し資格を得るとともに，ラジオ体操等の普及推進について高い関心と意欲を持っている者である。

１級と２級については，実技試験と筆記試験とが課される。

日本武術太極拳連盟による各種認定　　公益社団法人日本武術太極拳連盟は，公認長拳指導員，公認長拳普及指導員（B・C級）認定，公認国体コーチ認定を実施している。これらのうち，B級及びC級指導員の認定についてみると，学科講習を経て，学科試験と指導要領試験を実施する。指導要領試験は，いずれの級も，「モデル演武を見て，問題点の指摘を択一式回答方式により試験する」という[7]。

スポーツメンタルトレーニング指導士の認定　　日本スポーツ心理学会は，スポーツメンタルトレーニング指導士の認定を行っている。「スポーツメンタルトレーニング」とは，張り詰めたプレッシャーに負けることなく自分の意識を制し，本来の自分の実力を存分に発揮するために心理的方面をトレーニングすることであるという。スポーツ心理学から生まれた方法で科学的・合理的かつ系統的なトレーニングを行うものである。心理学に対する知識とスキル，カウンセリングやコーチングの手法についても身につける必要がある。資格には，「スポーツメンタルトレーニング指導士」，「スポーツメンタルトレーニング上級指導士」，「スポーツメンタルトレーニング名誉指導士」の３種類の資格がある。

指導士の資格の認定には，次のような条件が含まれている。

⑴　スポーツ心理学会の加入者で２年間の在籍期間があること。

⑵　大学院でスポーツ心理学か関連領域（体育・スポーツ科学，心理学など）を

7）以上，「2019年度（第16期）長拳公認B・C級指導員認定実施要綱」による。

　専攻し修士号を取得していること。

⑶　過去 10 年以内にスポーツ心理学に関する学術上の業績 5 点以上，研修実績 10 点以上（うち 6 点以上は学会主催ものが原則）を有すること。

⑷　最近 5 年間にスポーツ現場で心理面の指導実績を 30 時間以上有すること。

⑸　学会主催の指導士資格取得講習会を受講していること。

　書類審査の合格者は，2 時間の資格取得講習会を受講して，最終審査を受ける。

　JATI によるトレーニング指導者の認定　特定非営利活動法人日本トレーニング指導者協会（JATI）は，トレーニング指導者の認定を行っている。①競技スポーツ分野において，選手の体力強化や傷害予防を目的としたトレーニング指導を行う専門家，及び，②一般人を対象としたトレーニング指導の専門家にもなれる者，の認定である。一般人の健康体力増進からトップアスリートの競技力向上まで，あらゆる対象や目的に対応できるトレーニング指導の専門家のためのスタンダードな資格である点に特色があるという。認定は，基礎資格である「トレーニング指導者」に始まり，「上級トレーニング指導者」，さらに「特別上級トレーニング指導者」の 3 段階の指導者資格がある。資格の取得には，JATI に入会したうえ，一般の人の場合は，養成講習会にて一般科目と専門科目とを受講してワークノートを提出し，かつ，認定試験に合格することが求められる。

　「トレーニング指導者」は，スポーツ選手や一般人を対象としたトレーニング指導の専門家として活動するための基礎資格として位置づけられている。

　「上級トレーニング指導者」は，トレーニング指導の専門家として高いレベルの知識と技能を有し，後進への指導を行う能力も有することを証明する上級資格として位置づけられている。ハイレベルなアスリートを対象としたトレーニング指導者，大学や専門学校等にてトレーニング指導者の教育・養成に携わる者，フィットネスクラブのチーフインストラクターなどに推奨されるという。

　「特別上級トレーニング指導者」は，国内を代表するトレーニング指導者として，業界の社会的地位向上を担う最上級資格として位置づけられている。国際レベルのトップアスリートを指導するトレーニング指導者，大学や専門学校等におけるトレーニング指導者の教育・養成統括担当者，フィットネスクラブにおけるインストラクターの教育研修担当者などに推奨されるという。

　スポーツリハビリテーショントレーナーの認定　日本スポーツリハビリテーション学会は，スポーツリハビリテーショントレーナーの認定を行っている。運

動器疾患（スポーツ傷害を含む）の発生あるいは疾患の再発予防を健康科学的な知識と技術を提供，指導，あるいは支援できる技能を持った専門技術者を認定するための制度である。特に健康科学的側面から障害（傷害）予防，疾患の再発予防を目的とした適切なトレーニングやコンディショニングを指導できる技術者を養成かつ認定するという。同学会の会員で，最低60時間のセミナーを受講することにより，認定試験の受験資格が与えられる。認定試験は，筆記試験である。

　　ネイチャーゲームトレーナーの認定　　公益社団法人日本シェアリングネイチャー協会は，ネイチャーゲームトレーナーの認定を行っている。「ネイチャーゲーム」という言葉は，筆者にとって初めて接するものである。同法人のホームページによれば，「ネイチャーゲーム」は，「シェアリングネイチャー」の考え方にもとづく活動であって，豊かな自然の持つさまざまな表情を楽しめる自然体験活動である。「ゲーム」という文言にもかかわらず，「活動」を指しているようである。その「シェアリングネイチャー」という考え方は，米国のジョセフ・コーネル氏が発表した「直接的な自然体験を通して自分を自然の一部ととらえ，生きることのよろこびと自然から得た感動を共有することによって，自らの行動を内側から変化させ，心豊かな生活を送る」という生き方である。そして，ネイチャーゲームの指導者となろうとする者に資格を付与するのがネイチャーゲームトレーナーの認定である。

　認定の審査項目は，次のとおりである。

・26歳以上で，ネイチャーゲーム指導員を養成するものにふさわしい適性と教養を身につけていること。

・トレーナーとしての資質に加え，各都道府県において日本協会又は都道府県組織より依頼を受けてネイチャーゲームリーダー養成講座及びフォローアップセミナーを指導する理論と技術を有していること。

・日本協会所定の教育課程において，必要な単位を取得していること。

・ネイチャーゲームリーダー，インストラクター，コーディネーターの資格を保持し，都道府県の組織活動への貢献を行っていること。

・ネイチャーゲームリーダー養成講座で行う基本アクティビティでのA評価，総合A評価，講義A評価を取得していること。

・インストラクターや講座講師時代の活動を各種シート等で検証し，トレーナーとしての資質が満たされていること。

　第一次審査は，日本協会指導者養成委員会にて，必要単位数・アクティビティ及び講義評価の確認・資質チェックを行う。第一次審査の合格者は，第二次審査のため，ネイチャーゲームトレーナー認定講座を受講する。日本協会指導者養成委員会にて，トレーナー認定講座の内容及びそれまでの実績などをもとに，トレーナーとしてのネイチャーゲームに対する理解・指導力・主任講師としての適性を総合的に評価して審査を行う。

　健康運動指導士・健康運動実践指導者の認定　　公益財団法人健康・体力づくり事業財団は，「健康運動指導士」及び「健康運動実践指導者」を認定している。

　「健康運動指導士」とは，保健医療関係者と連携しつつ安全で効果的な運動を実施するための運動プログラム作成及び実践指導計画の調整等を行う役割を担う者である。健康運動指導士の認定を受けるには，健康運動士養成講習会を受講するか，又は，健康運動指導士養成校の養成講座を修了して，健康運動指導士認定試験に合格した上で，健康運動指導士台帳に登録されなければならない。講習会，養成校の認定，認定試験，登録いずれも同財団法人が実施している。

　「健康運動実践指導者」とは，積極的な健康づくりを目的とした運動を安全かつ効果的に実践指導できる能力を有すると認められる者である。健康運動実践指導者として認定されるには，講習会を受講するか，健康運動実践指導者養成校[8]の養成講座を修了し，認定試験に合格した上で，健康運動実践指導者台帳に登録されなければならない。

　睡眠健康指導士の認定　　一般社団法人日本睡眠教育機構は，睡眠健康指導士の認定を行っている。初級と上級とがある。

　初級睡眠健康指導士は，自己の睡眠知識を深めるとともに正しい睡眠習慣を身につけ，健康的な生活を送ることを目的に，身近な人々に正しい睡眠知識の大切さを伝えていく人材である。6時間相当の学習プログラムを1日で行い，講座後に認定試験が行われる。その合格者が同指導士として認定される。

　上級睡眠健康指導士は，学術的な睡眠知識に加え，科学的な知見に基づき，睡眠に関するアドバイス等を身近な人々に行い，あるいは地域や団体等に対して正しい睡眠知識の普及活動を行う人材である。70〜80分の講義・演習・実習を1コマとし，15時間相当のプログラムで3日間で構成されるものを受講したうえ

8）2020年1月現在で，大学・専修学校175校が認定されているという。

で認定試験に合格した者が同指導士として認定される。

睡眠環境・寝具指導士の認定　一般社団法人日本寝具寝装品協会と一般財団法人日本ふとん協会は，日本睡眠環境学会の協力を得て，「睡眠及び寝室環境と寝具寝装品」の正しい知識を有し，アドバイスのできる人材を「睡眠環境・寝具指導士」として認定している。国民一人ひとりに商品提供だけでなく快適な睡眠環境創りが重要であるという認識に基づく認定制度である。教育講座の受講と認定試験により認定を行う。

転倒予防指導士の認定　日本転倒予防学会は，「転倒予防指導士」の認定を行っている。「転倒予防指導士」は，転倒に関わる学際的研究を推進するとともに，転倒予防に関わる社会啓発活動を行い，もって学術の発展と人々の健康増進に寄与することを目的としている（認定「転倒予防指導士」制度規則1条）。年齢18歳以上で転倒予防学会の会員である者が，日本転倒予防学会が主催する「転倒予防指導士基礎講習会」において，必要な講義及び実技単位を取得し，認定試験において学習到達度が十分であると審査された場合に認定される。講義及び実技は，原則45分間を1単位とし，講義5単位以上，実技3単位以上の修了が求められる。

施設園芸技術指導士・指導士補の認定　一般社団法人日本施設園芸協会は，施設園芸に精通し，栽培施設の設計・施工管理，施設内環境管理，経営管理等，施設園芸に関する技術的な助言や指導等を行うことのできる施設園芸技術の技術者を施設園芸技術指導士として認定している。筆記試験及び面接試験により，施設園芸に関する知識・技術，指導者適性等を審査して，合格者を指導士として認定する。受験資格は，施設園芸に関する6年以上の実務経験があり，施設園芸技術指導士補の資格を有していることである。この施設園芸技術指導士補は，施設園芸技術中級講座の一環として実施する「施設園芸技術指導士補資格試験」において合格した者に授与される資格である。

4　スポーツ団体による資格等の認定

多くのスポーツ団体は，さまざまな認定制度を設けている。オリンピックの種目のスポーツの場合には，国際基準に連動した認定制度を設けていることが多い。

審判員の認定　各種のスポーツには，審判員が不可欠である。試合や競技会

の審判の信頼性を確保するために，関係スポーツ団体による審判員の認定制度が設けられる。もちろん，国際スポーツ団体がある場合には，国際試合や国際競技会の審判員の資格をどのようにするかは，各国際スポーツ団体の決める事柄である。

　公益財団法人日本サッカー協会は，同協会あるいはその傘下のサッカー協会の主催するサッカーやフットサルの試合の公認審判員を認定している。4級から始まって，1級・女子1級まである。公益財団法人日本体操協会も，体操競技及び新体操競技について，男女別に，3種から1種までの審判員，さらに名誉審判員を認定している。名誉審判員は，競技会の審判は行わない。

　これらの審判員制度においては，審判員の資格に応じて，審判を担当できる試合，競技会の区別が設けられている。日本体操協会の第3種公認審判員は，全国レベル大会，全日本学生選手権大会，全国高校選手権大会，国民体育大会やその他すべての国内大会の審判を行うことができる。

　指導員・コーチ等の認定　　　スポーツにおいては，指導者あるいはコーチの質を維持し高めることが必要である。公益財団法人日本スポーツ協会は，次のような資格認定方針（ディプロマ・ポリシー）を公表している。

　「日本スポーツ協会及び加盟団体等は，公認スポーツ指導者育成の基本コンセプトに基づき，養成講習会の受講等により所定のカリキュラムを修了し，以下の資質能力（思考・判断，態度・行動，知識・技能）を身に付けた方を，公認スポーツ指導者として認定します。

　　・スポーツの価値や未来への責任を理解することができる。

　　・プレーヤーズセンタードの考え方のもとに，暴力やハラスメントなどあらゆる反倫理的行為を排除できる。

　　・常に学び続けることができる。

　　・プレーヤーの成長を支援することを通じて，豊かなスポーツ文化の創造やスポーツの社会的価値を高めることに貢献できる。

　　・求められる役割に応じて，スポーツ医・科学の知識を活かし，「スポーツを安全に，正しく，楽しく」指導することができる。

　　・求められる役割に応じて，「スポーツの本質的な楽しさ，素晴らしさ」を伝えることができる。」

　同協会は，資格認定方針と並んで，養成講習会実施方針（カリキュラム・ポリ

シー）及び受講者受入方針（アドミッション・ポリシー）も定めている。このようにして加盟団体の横並びの質の維持に努める同協会の役割は大きいといえよう。加盟団体は，これに基づいて各種のスポーツの指導者の「公認」を行っている。「公認」の文言は，「認定を受けている」という意味をもっている。

　なお，日本スポーツ協会は，個別競技に関わらない公認資格についても規律している[9]。

　日本馬術連盟による認定　　公益社団法人日本馬術連盟は，複数の資格の認定を行っている。同連盟のウエブサイトによれば，次のような資格の認定がある。

　その一つは，騎乗者資格の認定である。A級資格は，国際競技会に出場するために必要な資格である。B級資格取得者で，一定基準以上の競技経験を有する者について，書類審査により認定する。B級資格は，日本馬術連盟主催又は公認の協議会に出場するために必要な資格で，日本馬術連盟の認定する審査会で合格した者に付与される。連盟の個人会員であること及び騎乗者資格C級を取得していることを受験資格とし，筆記及び実技の試験を実施する。C級資格は，連盟の会員であることを受験資格として，筆記と実技の試験を実施する。

　このほか，指導者資格，日本体育協会公認馬術指導者資格（指導員），日本馬術連盟準コーチ資格及び審判員資格等の認定も実施している。

5　コンサルタント・アドバイザー等の認定

　多くの団体がコンサルタントの認定を行っている。認定する団体も，公益法人から株式会社まで多様である。公益社団法人全日本能率連盟による，「認定マスター・マネジメント・コンサルタント（J-MCMC）及び「認定マネジメント・コンサルタント（J-CMC）」という2種類の認定制度については既に述べた（15頁）。

　人材紹介コンサルタントの認定　　一般社団法人日本人材紹介事業協会は，資格試験を実施して，2種類の「人材紹介コンサルタント資格」を認定している。

　「コンサルタント資格」の受験資格の要件は，次のとおりである。

　イ　職業紹介事業者，又は職業紹介事業者の被雇用者として，2年以上の職業

9）スポーツドクター，スポーツデンティスト，アスレティックトレーナー，スポーツ栄養士，スポーツプログラマー，アシスタントマネジャー，クラブマネジャー。

紹介実務経験を有する者。

ロ　職業紹介事業者，又は職業紹介事業者の被雇用者として，1 年以上の職業紹介実務経験を有する者であって，次のいずれかに該当するもの。

　⑴　労働者派遣事業における派遣元業務の実務経験を 2 年以上有する者。

　⑵　職業経験を 3 年以上有する者。

ハ　職業紹介機関又は法律等に基づき実施される職業紹介業務において，上記のイ又はロと同等な経験を有する者。

ニ　職業紹介実務経験を有しない者にあっては，次のいずれかに該当する者。

　⑴　職業安定法第 33 条の 2 に定める学校等の職業進路指導の業務において，上記のイ又はロと同等な経験を有する者。

　⑵　企業，組織において，人事・採用に関する業務において，上記のイ又はロと同等な経験を有する者。

　⑶　その他，協会が，イ又はロと同等の資格又は知識・能力を有すると認めた者。

「シニア資格」の受験資格は，次のとおりである。

イ　職業紹介事業者，又は職業紹介事業者の被雇用者として，4 年以上の職業紹介実務経験を有する者。

ロ　職業紹介事業者，又は職業紹介事業者の被雇用者として，3 年以上の職業紹介実務経験を有する者であって，次のいずれかに該当する者。

　⑴　労働者派遣事業における派遣元業務の実務経験を 2 年以上有する者。

　⑵　職業経験を 5 年以上有する者。

ハ　職業紹介機関又は法律等に基づき実施される職業紹介業務において，この号イ又はロと同等な経験を有する者。

ニ　職業紹介実務経験を有しない者にあっては，次のいずれかに該当する者。

　⑴　教育機関の職業進路指導の業務において，この号イ又はロと同等な経験を有する者。

　⑵　企業，組織において，人事・採用に関する業務において，この号イ又はロと同等な経験を有する者。

　⑶　その他協会がイ又はロと同等の資格又は知識・能力を有すると認めた者。

ハラスメント防止コンサルタントの認定　　公益財団法人 21 世紀職業財団は，職場のハラスメント防止対策の専門家を養成する講座を開設し，認定試験に合格

した者をハラスメント防止コンサルタントとして認定・登録を行っている。同財団の「ハラスメント防止コンサルタント認定・登録規程」によれば，同コンサルタントの主たる活動内容は，企業・団体等におけるハラスメント防止対策の企画立案，意識啓発，教育・研修，相談対応，問題解決の援助等であるが，財団の審査により適任と認めた者は，財団客員講師としての活動及び財団のハラスメント防止対策支援事業「ハラスメントお助け隊」のコンサルタントとして登録することができる（3条）。

　ハラスメント対策アドバイザーの認定　　「労働施策の総合的な推進並びに労働者の雇用の安定及び職業生活の充実等に関する法律」30条の2以下の規定の施行に伴い，ハラスメント対策アドバイザーの認定が進行している。一般社団法人ハラスメント対策協会は，経営者，管理職，人事部担当者向けに講座を開設し，受講後の修了試験に合格して同協会に入会した者を「ハラスメント対策アドバイザー」として認定している。同アドバイザーは，企業内においてハラスメント研修講師を務めることのできるスキルを有することが想定されている。一般社団法人日本ハラスメント協会も，同様に講座の開設と資格の認定を行っている。

　認定プライバシーコンサルタントの認定　　一般社団法人日本プライバシー認証機構は，個人情報保護マネジメントシステム，情報セキュリティ・マネジメントシステム全般のノウハウを広く修得したプロフェッショナルとして，「認定プライバシーコンサルタント」の認定を行っている。養成講座の受講と試験合格により認定される。

　パートナー・ビジネス・コンサルタントの認定　　一般財団法人日本コンサルタント協会は，パートナー・ビジネス・コンサルタント（PBC）認定講座の修了者を公認コンサルタントとして認定している。同講座のガイドブックによれば，同講座は，「成熟社会における企業経営」の極意を身につけるものと謳っている。クライアントである企業経営者の良きパートナーとして人間関係を構築することができるようになり，最終的にはクライアント自身が解決策を見い出せるようアシストしていくという。

　都市プランナーの認定　　一般社団法人都市計画コンサルタント協会は，公益社団法人日本都市計画学会，公益財団法人都市計画協会及び認定特定非営利活動法人日本都市計画家協会と連携して，都市計画の実務専門家として「認定都市プランナー」及び「認定准都市プランナー」の認定を行っている。認定都市プラン

ナーは，都市計画分野における実務経験が15年以上の都市計画実務専門家であること，認定準都市プランナーは，都市計画分野における実務経験が5年以上の都市計画実務専門家であることが求められ，いずれも，民間機関等に属する者に限られる（したがって，公務員は除外される）。前記の3団体又は認定都市プランナー2名の推薦[10]を受けて申請した者について，認定准都市プランナーにあっては書類審査と判定により認定し，認定都市プランナーにあっては書類審査と判定に加えて口頭審査に合格した者を認定している。

エネルギーマネジメントアドバイザーの認定　　一般社団法人日本PVプランナー協会の「エネルギーマネジメントアドバイザー認定センター」は，エネルギーマネジメントアドバイザーの認定を行っている。この協会は，太陽光発電の健全な発展のために設立された団体で，PVプランナー資格制度を確立し消費者や事業者にとって太陽光発電のスタンダードにすることを目的としている。

家電製品アドバイザーの認定　　一般財団法人家電製品協会[11]は，家電製品アドバイザーの認定を行っている。家電の販売，営業及び接客のプロフェッショナルとして，消費者の商品選択，使用方法，不具合対応，廃棄などについて顧客を的確にリードし，アドバイスするための資格である。「AV情報家電」と「生活家電」の二つの資格がある。

家電アドバイザーの修得知識及び技術は，次のとおりである。

1．販売実務知識，接客マナー及びコミュニケーション力を持っている。

2．対象品目の基本動作原理，仕組み，上手な使い方，安全な使い方，禁止事項などに関する知識があり，わかりやすく説明できる。

3．設置・接客・セットアップ，調整等に関する基礎的な技術知識及びソフト

---

10) 推薦基準も定められている。認定都市プランナーについては，登録する専門分野において責任ある立場での実務実績を5件以上有すること，都市計画全般において責任ある立場での実務実績を5件以上有すること，が基準に含まれている。また，認定准都市プランナーについては，都市計画の基本的知識（法令，事業制度等）を修得していると認められること，都市計画全般の業務において上司の指導のもとに一定水準以上の成果を出すことができると認められること，が基準に含まれている。

11) この団体は，スマートマスター（スマート化する住まいと暮らしのスペシャリスト）及び家電製品エンジニア（家電のセットアップ，トラブル対応のプロフェッショナル）の認定も行っている。

業務知識があり，適切なアドバイスができる。

4．不具合発生時の一時対応ができる。また，故障と間違われやすい事象について，製品故障か使用方法の不適切か，ある程度の切り分けができる。

5．電気安全に関する基礎知識及び関連する法規の知識があり，適切な運用ができる。

6．家電リサイクル法，容器包装リサイクル法等の趣旨と廃家電受付業務処理手順を理解し，実践できる。

　グリーンアドバイザーの認定　　公益社団法人日本家庭園芸普及協会は，家庭園芸植物の栽培と管理に関する知識及び技術並びに家庭園芸資材類に関する知識を修得し，家庭園芸について消費者に花と緑を十分に楽しめる適切な指導及び助言等をできる人をグリーンアドバイザーとして認定している。協会の行う講習を修了し，認定試験に合格した者を認定するのが原則である。

　講習を受けるための資格要件は，年齢18歳以上で，①園芸関連業務に1年以上携わった実務経験のある者，②園芸関係の学校を卒業した者，又は講習の次の年に卒業見込みの者，③園芸に関する地域活動に従事し，指導・助言のための知識向上を目指す者，のいずれかに該当することとされている。なお，特別の事由により講習修了及び認定試験合格という原則の方法によることができなかった者で，協会の会長が，原則の方法による者と同等以上の知識及び技術を有していると認めたものに対して認定試験合格者とみなす例外を設けている。

　整理収納関係資格の認定　　特定非営利活動法人ハウスキーピング協会は，多数の資格取得（その中には複数のレベルの整理収納アドバイザーが含まれる）のための講座を開講し資格を認定している。とりわけ整理収納アドバイザーの最上位資格である「整理収納アカデミアマスター」の認定を行っている。また，株式会社整理収納士は，ハウスキーピング協会とパートナーシップを結んで，整理収納士認定試験を実施している。

6　カウンセラー（相談員）の認定

　カウンセラー（相談員）に関する認定制度がある。認定臨床心理カウンセラーについては，すでに述べた（38頁）。

　日本カウンセリング学会による認定カウンセラー　　一般社団法人日本カウン

セリング学会[12]は，認定カウンセラー制度を有している。認定申請の要件には，2種類が用意されている。

　一つは，試験方式である。①同学会に正会員，名誉会員，推薦会員として引き続き2年以上，あるいはカウンセリング関係の修士課程在学者並びに修了者にあっては1年以上在会し，会員としての義務を果たし会員たるにふさわしい者，又は②同学会の「認定カウンセリング養成カリキュラム（改訂版）」の研修基準に基づいて合計210時間以上学習していること，が要件とされている。書類審査，筆記試験，技能試験（口述試験）による。ただし，「認定カウンセラー」資格認定大学院修了予定者に対しては，筆記試験及び技能試験（口述試験）を免除し，書類審査及び面接試験による。ここにおいて，この面接試験は口述による技能試験とは区別されている。

　他の一つは，推薦方式である。同学会の会員で，①大学又は短大の専任教員として，5年以上にわたりカウンセリング関係の授業を担当し，かつカウンセリング実践に関わる業績が顕著であって，人格識見ともに優れている者，②大学・短大以外の諸機関において，5年以上にわたりカウンセラー養成やカウンセリングの実践に携わっており業績が顕著であって，人格識見ともに優れている者，又は③相談機関のカウンセラー（相談員）として，週4日以上，5年間以上勤務しており，人格識見ともに優れている者，のいずれかに該当することが申請要件とされている。認定スーパーバイザーからの推薦に基づき，原則的に書類審査及び面接試験を実施する。

　教育カウンセラーの認定　　特定非営利活動法人日本教育カウンセラー協会は，初級，中級，上級の各教育カウンセラーの認定を行っている。

　初級教育カウンセラーは，日常の教育活動に教育カウンセリングの考え方や技術を活用することができる教育者である。その認定要件は，①教育カウンセラー養成講座（又はそれに準ずる講座）を修了していること，②相談・援助に関する実践歴が2年以上であること，③認定申請自己評価票の総合点が11ポイント以上であること，及び④初級教育カウンセラー標準カリキュラムの内容に習熟し，認定試験に合格していること，である。

12）日本カウンセリング学会編『認定カウンセラーの資格と仕事』（金子書房，平成18年）が刊行されている。

　中級教育カウンセラーは，学校や職場で，ガイダンス・カウンセリングのリーダーとして活動できる教育者である。その認定要件は，①相談・援助に関係する実践歴が 5 年以上であること（又は教育学・心理学・医学・社会福祉学等，関連領域における修士以上の学位を有すること），②認定申請自己評価票の総合点が 21 ポイント以上であること，及び③中級教育カウンセラー標準カリキュラムの内容に習熟し，認定試験に合格していること，である。

　上級教育カウンセラーは，専門性を活かし，研修会等で講師あるいはスーパーバイザーとして他の人の指導に当たることができる教育者である。その認定要件は，①相談・援助に関係する実践歴が 7 年以上であること（又は教育学・心理学・医学・社会福祉学等，関連領域における修士以上の学位を有すること），②認定申請自己評価票の総合点が 29 ポイント以上あり，研究歴又は講師歴のポイントが 4 ポイント以上であること，及び③上級教育カウンセラー標準カリキュラムの内容に習熟し，認定試験に合格していること，である。

　大学カウンセラーの認定　　日本学生相談学会は，「大学カウンセラー」資格の認定を行っている。広義の学生相談活動には高等教育機関の多くの教職員が大なり小なりかかわっているが，その中で，大学カウンセラー資格認定制度は，学生相談活動の中核として機能することが求められる学生相談機関の専門性をもつカウンセラーの資格として認定する制度である。資格取得者には，学生相談の専門カウンセラーとしての自覚と使命感を高め，責任ある実践と相互研鑽を継続し，知恵と力を結集し，質の高い活動によって学生相談を発展させることが求められる。このような営みによって社会に貢献していくことが，学生相談活動やカウンセラーに対する社会的評価の確立につながるという認識に基づいて認定制度の運用がなされる。

　資格要件は，次のように，極めて厳しいものである。専門の学会としての見識に基づいた資格要件であるといえよう。

① 同学会の正会員として 1 年以上経過していること。

② 学士の学位を有すること。

③ 相談業務に関わる基礎的職能（相談業務に関わる職能が，学会の定める水準に達していること。臨床心理士の資格を有する者は，その水準に達しているものと見なされる。臨床心理士資格を持たない場合は，学会が主催する又は学会が認める研修会，セミナー，ワークショップ，講演会，研究会等において 50 時間以上の研修を修めて

65

いること）。

④ 学生相談機関のカウンセラーとしての所定の援助経験（選択的要件として，
　イ申請時にカウンセラーとして学生相談機関に勤務し，勤務時間にかかわらず継続し
　て3年以上の援助経験があること，ロ申請時にカウンセラーとして学生相談機関に勤
　務し，援助経験時間が30時間以上あること，ハカウンセラーとして学生相談機関に
　勤務した経験が10年以上あること，ニカウンセラーとして学生相談機関に勤務した
　援助経験時間が150時間以上あること，ホ大学カウンセラー資格を取得し，1回以上
　の資格更新を果たしていること）。

⑤ 学生相談に関する研究論文業績（過去5年間の実績で学会機関誌「学生相談研
　究」での研究発表が1点以上あること，学生相談機関が発行する紀要，報告書等での
　研究発表，あるいはそれと同等の研究発表が2点以上あること（1編6,000字以上），
　資格申請時に，学会会員による論文指導を受けた研究レポートを提出し，審査を受け
　ること（6,000字以上）のいずれか）。

⑥ 日本学生相談学会における活動（学会大会における研究発表，学会が主催する
　行事でのシンポジスト，講師等の経験が過去5年間に1回以上あること）。

⑦ 学生相談に関する研修（過去5年間に学会が主催する又は学会が認める研修会に
　おいて「大学教育と学生相談」領域を含む3領域以上の研修を修め，合計30時間以
　上の研修を修めていること又は学生相談に関する個別スーパービジョン経験が5回以
　上あり合計20時間以上の研修を修めていることのいずれかを満たすこと）。

⑧ 学生相談に関する職能，適性，倫理性（活動実践レポート，書類審査及び面接
　試験で審査。活動実践レポートは，大学カウンセラー資格にふさわしい，学生相談に
　関する適性，倫理性を有していることを示すもので，学生相談において心理的援助を
　行った活動実践例または事例を2,000字以上のレポートにまとめたもの）。

　ちなみに，同学会は，かねて公表していた「学生相談機関ガイドライン」に加
えて，令和2年には，新型コロナウイルス感染症の流行に鑑みて，「遠隔相談に
関するガイドライン」を公表している。

　留学カウンセラーの認定　　一般社団法人海外留学協会は，留学カウンセラー
の認定を行っている。「留学カウンセラー」は，留学を希望する者に情報やノウ
ハウを提供し，留学実現に向けて支援し，その者のキャリア設計に的確なアドバ
イスをする人材である。留学アドバイザー，留学コンサルタント，留学コーディ
ネーターとも呼ばれるという。留学カウンセラーは，留学エージェントや海外留

学を取り扱う旅行会社，交流団体，海外教育機関に勤務するほか，大学の国際交流部門や中学・高校の進路相談担当や国際交流担当として，留学を支援する業務に就く道があるとされる。留学カウンセラー認定試験（筆記試験と面接試験で構成）により，留学カウンセラーに求められる知識と資質の審査を行い，所定の成績に達した者に，資格が授与される。ただし，株式会社アルクから販売の「JAOS認定留学カウンセラーコース」によるテキスト学習を修了した者のみが受験対象となるという。特定のテキストによる学習者のみを受験対象としても，一般社団法人の事業である以上，やむを得ないのであろうか。ちなみに，初回受験者の受験料はテキスト代に含まれているという。

　ガイダンスカウンセラーの認定　　一般社団法人日本スクールカウンセリング推進協議会は，ガイダンスカウンセラー資格の認定を行っている。この一般社団法人の構成員は，一般社団法人日本学校教育相談学会，日本学校心理士会，日本キャリア教育学会，特定非営利活動法人日本教育カウンセラー協会，日本教育カウンセリング学会，一般社団法人日本カウンセリング学会，臨床発達心理士認定運営機構日本臨床発達心理士会である。これだけの団体が集結していることに注目したい。それは，協議会のホームページによれば，次のような事情によっている。すなわち，「認定カウンセラー」，「キャリアカウンセラー」，「学校カウンセラー」，「学校心理士」，「臨床発達心理士」などの資格認定が各団体に分かれて行われていた状況において，これらの資格は，文部科学省（旧文部省）のスクールカウンセラー事業における任用規定では，スクールカウンセラーに「準ずる」者とされていたため，これら資格の認定機関や学会の中には，文部科学省に対し，これらの資格取得者について正規のスクールカウンセラーとして扱ってほしい，という要望がなされていた。これに対して，文部科学省からの「同じ考えを異なる団体が個別に訴えるのではなく，窓口が一つにならないか」という提案を受けて，6資格の認定機関とそれを支持する学会・団体が「（各資格が相互扶助して共存する）緩やかな連合」というコンセプトを共有して，2009年に「スクールカウンセリング推進協議会」（2015年4月に一般社団法人化）が設立されたものである。

　協議会の定義によれば，「ガイダンスカウンセラーとは，保育園・幼稚園・小中学校・高等学校・中等教育学校，特別支援学校，大学及び高等専門学校等において，子どもたちの学習，進路，人格・社会性，健康の面における発達を援助する教育の専門家である」という。協議会の認定審査委員会の資格審査に合格し所定の手

続を行った者に資格証が付与される。資格審査はガイダンスカウンセラーとして必要な基礎的知識，技能および経験についてこれを行うこととされている。資格審査対象者は，教育職員の免許を有し，大学院研究科において博士課程前期課程又は修士課程を修了し，カウンセリング心理学を修めた者で，3年以上（週3日未満の非常勤の場合は1年あたり0.5年として計算する）の相談指導（ガイダンスカウンセリング）に係る実践経験を有する者とされている。試験は，書類審査，筆記試験，実技試験（模擬授業等）および口述試験とされている。

　資格の有効期間は10年で更新できるが，資格者は，ガイダンスカウンセリングに係る能力・資質の向上をはかるため，協議会及び構成団体の開催するガイダンスカウンセラー・フォローアップ研修会への参加，スーパービジョン体験，学会での実践研究成果の発表等，研鑽に努めなければならないという前提のもとに，所定のポイントを得ておくことが更新の要件とされている。

　認定遺伝カウンセラーの認定　　　日本遺伝カウンセリング学会と日本人類遺伝学会は共同して認定遺伝カウンセラー認定委員会を設置して，認定遺伝カウンセラーの認定を行っている。認定遺伝カウンセラーは，遺伝医療を必要としている患者や家族に適切な遺伝情報や社会の支援体制等を含むさまざまな情報提供を行い，心理的，社会的サポートを通して当事者の自律的な意思決定を支援する保健医療・専門職である。それは，医療技術を提供するとか研究を行う立場とは一線を画し，独立した立場から患者を援助することが求められる。

　認定遺伝カウンセラーは，遺伝カウンセリングについて一定の実地修練を積んだ後に資格認定される専門職で，以下の要件を満たす必要がある。

・最新の遺伝医学の知識を持つ。

・専門的なカウンセリング技術を身につけている。

・倫理的・法的・社会的課題（Ethical-legal-social issues: ELSI）に対応できる。

・主治医や他の診療部門との協力関係（チーム）を構成・維持できる。

　認定遺伝カウンセラーとなりうる基盤の職種としては看護師，保健師，助産師などのメディカルスタッフや，臨床心理士，社会福祉士，薬剤師，栄養士，臨床検査技師などのコメディカル・スタッフ，また生物学・生化学などの遺伝医学研究者やその他の人文・社会福祉系などの専門職が考えられる。

　目下，信州大学大学院をはじめとする全20大学院に認定遺伝カウンセラー認定養成課程が開設されている。日本遺伝カウンセリング学会と日本人類遺伝学会

が協力して制度化した「認定遺伝カウンセラー制度」の専門教育機関として認定
され，修了者は，認定委員会の実施する認定試験に合格すると認定遺伝カウンセ
ラーを呼称することができる。

　保育カウンセラーの認定　　公益社団法人全国私立保育園連盟は，保育カウン
セラーの認定を実施している。保育等の専門性を有し，カウンセリングマインド
を持ち，保育カウンセリングの知識を用いて実践を行うことができる保育者であ
る。連盟が主催する養成講座（ステップⅠ～Ⅲ）を受講した者につき，認定レポー
ト２課題の提出を受けて，連盟が設置する保育カウンセラー認定審査会の審査に
基づき，連盟会長が認定する。「保育カウンセラー倫理綱領」が定められている。

　プロフェッショナルカウンセラーの認定　　一般社団法人全国心理業連合会は，
２種類のプロフェッショナルカウンセラー，すなわち「上級」及び「一般」の認
定を行っている。上級は，国家資格である精神保健福祉士レベルのカウンセラー
であり，「一般」は，ベースラインのカウンセラーであるという。「カウンセリン
グスキル」，「カウンセリング実習」及び「プロフェッショナル適性」という三つ
の分野の高い専門性を備えること，社会経験の重視に特色がある。同連合会の
「認定教育機関」を活用した，あるいは認定教育機関と連携した認定制度である。

　ハラスメント相談員・ハラスメントカウンセラーの認定　　一般財団法人日本
ハラスメントカウンセラー協会は，ハラスメント関係の複数の資格認定を行って
いる。すなわち，ハラスメント相談員Ⅰ種，同Ⅱ種，主任ハラスメント相談員，
ハラスメントカウンセラー，ハラスメントマネージャーⅠ種，ハラスメントマネ
ジャーⅡ種，上級ハラスメントマネージャーの資格がある。これらのうち，ハラ
スメントカウンセラーは，ハラスメント相談員の上級資格として，ハラスメント
に関する相談者と行為者とされた社員の双方を対象として問題事案の解決を図る
人材の資格である。ハラスメントカウンセラーの認定研修は，一般財団法人全日
本情報学習振興協会との共同で実施されている。

　日本能力開発推進協会によるメンタル心理カウンセラーの認定　　一般財団法
人日本能力開発推進協会は，「JADP認定メンタル心理カウンセラー」の認定を
行っている。協会指定の認定教育機関等が行う教育訓練において，その全カリ
キュラムを修了したことを受験資格とし，在宅の検定試験に合格した者を認定し
ている。認定教育機関で履修する内容は，カウンセリングに関する基礎知識，ク
ライアントに関する基礎知識，心理学に関する基礎知識，精神医学に関する基礎

知識である。

　日本推進カウンセラー協会等による認定　　日本推進カウンセラー協会は，心理カウンセラー，メンタルトレーナー等の認定を実施している。ただし，この協会の実施する認定には，株式会社ハートフルライフの「ハートフルライフカウンセラー学院」との関係が密接なように見える。また，特定非営利活動法人日本カウンセリング普及協会は，多くの資格認定を行っており，その中には，認定心理カウンセラーの 1 級及び 2 級が含まれている。

　家族心理士・家族相談士の認定　　一般社団法人家族心理士・家族相談士資格認定機構は，家族心理士及び家族相談士の認定を行っている。

　「家族心理士」資格の認定申請をするには，次の条件を満たす必要がある。

1　大学院博士前期課程（修士課程）において，家族に関する心理臨床領域における研究により修士号を取得し，1000 時間以上の家族援助の臨床経験がある者

2　臨床心理士，公認心理士，認定カウンセラー（日本カウンセラー学会認定），シニア産業カウンセラー（一般社団法人日本産業カウンセラー協会認定）等のいずれかの資格を有し，その資格を取得した後，1 年以上かつ 1000 時間以上の家族援助の臨床経験がある者

3　家族相談士の資格を取得後，家族に関する心理臨床領域について研究し，2 年以上 1000 時間以上の家族援助の臨床経験がある者

4　家族心理臨床センターが実施する「家族心理士研修課程」（2019 年度末に閉校）を修了後，1000 時間以上の家族援助の臨床経験がある者

5　上記のいずれかと同等の資格条件を有する者

　審査は，書類審査及び面接審査によっている。申請条件において，他の資格認定が重視されていること，家族援助の臨床経験が共通の条件となっていること，に注目しておきたい。

　「家族相談士」の認定申請は，①「家族相談士養成講座」に登録し 2017 年度以降に修了を認められた者，②家族心理学の領域で，研究実績及び臨床経験を有する者のいずれかである。審査は，書類審査，筆記試験及び面接試験による。

　ケアストレスカウンセラーの認定　　一般財団法人職業技能振興会は，ケアストレスカウンセラーの認定を行っている。基礎的な知識を求める「ケアストレスカウンセラー」，その資格試験に合格していることを前提要件にして，その対象

ごとに専門性を追求した「青少年ケアストレスカウンセラー」，「高齢者ケアスト
レスカウンセラー」及び「企業中間管理職ケアストレスカウンセラー」の各資格
がある。試験は，同財団法人が監修している各資格向けの「ケアストレスカウン
セラー公式テキスト」からの出題と一般常識問題とからなる。

　EAP メンタルヘルスカウンセラーの認定　　特定非営利活動法人 EAP メンタ
ルヘルスカウンセリング協会は，EAP メンタルヘルスカウンセラーの認定を
行っている。このカウンセラーは，EAP（従業者支援プログラム）コンサルタント
とメンタルヘルスカウンセラーの総合力を備えた人材として位置づけられ，企業
はもとより，医療機関，教育機関，行政機関等幅広い活動分野があるとされる。
学科試験と実技試験に合格して，協会に入会した者が認定される（令和2年11月
以降の登録希望者は，この段階においては「研修生」とされ，初期研修（標準期間2年）
の修了及び指定専門資格の取得により登録される）。受験資格の一つとして，協会の認
定した教育機関の EAP メンタルヘルスカウンセリング講座を修了していること
が求められる。5年ごとに更新しなければならず，更新を受けるには，これまで
は，①専門指定資格の取得（この要件は，初回登録の要件に移行された）及び②自己
研鑽で積み重ねた更新ポイントの申告が求められた。①の要件は，今後は，初回
登録の要件とされる。更新ポイントの算定のために，セミナーや研修への参加な
どがポイント化されている。

　消防ピアカウンセラーの認定　　特定非営利活動法人日本消防ピアカウンセ
ラー協会は，消防ピアカウンセラーの認定を行っている。ピアカウンセラーとは，
災害現場活動において惨事ストレスを受けた仲間に対して，そのケアを外部の専
門家にただちに任せるのではなく，その隊員の心的ストレスを仲間としてケアす
る同僚がピアカウンセラーである。出動等の強いストレスにより急性ストレス反
応を示した隊員等に対して，外部の資源を活用することなく，その隊員の心的ス
トレスをケアする同僚のことである。その資格を有すると認定するのが，この認
定制度である。

　生殖心理カウンセラーの認定　　一般社団法人日本生殖心理学会は，生殖心理
カウンセラーの認定を行っている。生殖心理カウンセラーは，不妊・生殖にかか
わる心理的困難を抱える人たちへの支援を担う心理臨床家のための資格である。
生殖心理カウンセラー養成講座を，基礎コースと専門コースに分けて実施し，基
礎コース及び専門コースの両方を修了した場合に生殖心理カウンセラー認定試験

の受験資格を得られる。5年ごとの更新制で，認定後5年以内に所定の研修等に参加（発表）して50ポイント以上を取得することが要件である。そのうち，学会が主催する「学術集会」又は「継続研修会」等で，合計30ポイント以上取得することが必須の要件である。

メノポーズカウンセラーの認定　特定非営利活動法人「更年期と加齢のヘルスケア」は，「メノポーズカウンセラー」及び「シニアメノポーズカウンセラー」の認定を行っている。

「メノポーズカウンセラー」の受験資格は，同法人の会員であり，かつ以下のいずれかに該当した場合とされている。

（ア）過去2年間に取得したメノポーズカウンセラー認定得点が3点以上。

（イ）受験する年のメノポーズカウンセラー認定得点が2点以上。

（ウ）受験する年のメノポーズカウンセラー認定得点を1点取得しその年の秋の学術集会に参加。

認定は試験による合格者を原則とするが，過去2年間で7点以上（学会発表，論文などの点を含む）の場合は，所定の申請書の提出により，書類審査により合格者の認定を行なう。点数は所定の基準に従って評価する。

・更年期と加齢のヘルスケア学会学術集会参加（1点）
・更年期と加齢のヘルスケア学会研修会やセミナーに参加（1回1点）
・更年期と加齢のヘルスケア学会学術集会にて筆頭演者で発表又は座長を担当（1点）
・更年期と加齢のヘルスケアに筆頭著者として論文（4頁以上）を発表（2点）
更新は5年ごとで，7点以上の場合に更新される。

「シニアメノポーズカウンセラー」は，更年期女性への健康相談のほかに，一般市民への更年期の講演ができ，地域や職場での健康カウンセリングやヘルスケアができるレベルの資格である。①メノポーズカウンセラーに認定されていること，②過去2年間以内で認定得点4点以上取得していること，に加えて，③学術集会（一般演題，シンポジウム，ラウンドテイブルディスカッション座長，機関誌（更年期と加齢のヘルスケア）への筆頭名での論文掲載を含む）での発表又はステップアップ研修会での発表などの業績が直近2年間で合計2回以上あることが認定の判断基準とされる。

終活カウンセラーの認定　一般社団法人終活カウンセラー協会は，終活カウ

ンセラーの認定を行っている。協会のホームページにおいては，葬祭業，石材業，保険業，金融機関，弁護士・司法書士・行政書士・税理士などの業務に活用できるとしている。

　2級終活カウンセラーは，自分自身がエンディングノートを書けるようになる知識を身につけるものである。約6時間の講習後に筆記試験が実施される。1年ごとの更新制である。

　1級終活カウンセラーは，他の人にエンディングノートを書くアドバイスをする知識とスキルを身につけるものである。2級資格取得後に，試験1日前1年間に協会が開催する勉強会に1回以上参加したことが応募要件とされる。事前レポートを提出したうえ，講習1日及び課題取組半日がある。

　このほかに終活カウンセラー協会認定講師（終活カウンセラーを育てる講師の資格）の認定も行っている。1級合格者で，協会が開催する勉強会に年間2回以上参加すること，過去に「エンディングノートの書き方セミナー講師養成講座」を受講したこと，が応募要件とされている。4日間の講習（終活の正しい理解と教える力を身につける）と1日30分程度の試験がある。

　SNSカウンセラーの認定登録　　一般財団法人全国SNSカウンセリング協議会は，SNSカウンセラーの認定登録を行っている。それは，若年者のコミュニケーションツールの変化が従来の相談窓口とのミスマッチを生んでおり，若年者を中心として，多くの人々がSNSを用いたカウンセリングを切実に求め，SNSカウンセリングが強く求められているにもかかわらず，SNSカウンセリングが適切に供給されないでいる状況は，もはや社会的問題である，という認識に基づいてスタートしたものである。同財団法人のホームページには，「SNSカウンセリング体制の構築は，社会にとっても，行政にとっても，SNS関連事業者にとっても，カウンセリングの専門家にとっても，喫緊の責務だと考えます」との文章が綴られている。認定登録要件は，心理カウンセラー資格の保有者である場合，心理カウンセラー資格を保有しないが隣接国家資格を保有している場合，それらのいずれにも該当しない場合に分けている。ここにいう心理カウンセラー資格には，公認心理師（国家資格），認定心理カウンセラー（公益財団法人関西カウンセリングセンター），プロフェッショナル心理カウンセラー（一般社団法人全国心理業連合会），産業カウンセラー（一般社団法人日本産業カウンセリング協会），臨床心理士（一般社団法人日本臨床心理士会），ガイダンスカウンセラー（一般社団法人日本

スクールカウンセリング推進協議会）が含まれている。前記の資格保有の差異に応じて，所定の養成講座実施団体の実施する研修を修了した場合に認定登録される。

　　オンラインカウンセラーの認定　　特定非営利活動法人日本オンラインカウンセリング協会は，オンラインカウンセラーの認定を行っている。オンラインカウンセラーとは，メーリングカウンセリングの技法を中心としたオンラインカウンセリングを習得した者に付与する資格である。初級オンラインカウンセラー，上級オンラインカウンセラー及びスーパーバイザーの3段階の資格がある。

　これらのうち，認定試験は，初級及び上級のオンラインカウンセラーである。

　初級オンラインカウンセラーの受験資格は，初級オンラインカウンセラー養成講座を修了した者又はそれと同等の内容であると協会が認定した研修・講座を修了した者とされている。この養成講座の受講資格は，①IT技術を有効活用したカウンセリング手法に興味を持つ者で所定の資格（医師，臨床心理士，精神保健福祉士，産業カウンセラー，社会福祉士，心理相談員，キャリアコンサルタント）を保持する者，②相談実績2年以上の無資格者（書類審査がある），又は③その他理事の推薦により受講するに十分な素養ありと認められる者，である。筆者のように大学の学部・大学院において教員として長年勤務した者は，学生のカウンセリング的仕事も当然経験しているのであるが，②に該当するとはいえない。③の推薦を得ることも難しい。したがって，残念ながら受験資格がないことになりそうである。

　上級オンラインカウンセラー試験の受験資格は，初級オンラインカウンセラー試験に合格してカウンセラー登録を行い，かつ合格後に所定の条件（協会のスキルアップ講座や協会の講師によるスーパーバイズを1回以上受けたこと又は協会主催の勉強会に3回以上出席したこと）を満たしていることとされている。

　スーパーバイザーは，オンラインカウンセラーとして極めて高いレベルにあり，講師としてオンラインカウンセラーを養成することができる人材である。試験によるのではなく，もっぱら協会理事の推薦に基づき審査を行う。

　　トラベル・カウンセラーの認定　　一般社団法人日本旅行業協会は，トラベル・カウンセラーの認定を行っている。「トラベル・コーディネーター」及び「エリア・スペシャリスト」の2種類の資格がある。「トラベル・コーディネーター」の認定制度は，旅行販売業務のあらゆる場面に対応できる知識・技能を持った「販売・接客のプロ」を養成・認定する制度である。旅行会社及び旅行業関連企業の従事者で実務経験1年以上あることが要件で，インターネットによる

eラーニングと修了試験合格により認定される。「エリア・スペシャリスト」は，海外旅行で人気の国や地域を8つのエリアに編成し，観光・地理，文化・歴史，自然，飲食・ショッピング，ビジネス・トラベルなど，海外旅行販売に欠かせない知識をエリア単位で習得する。このほか，「テーマ・スペシャリスト」（旅行需要の高い，クルーズ，世界遺産，ウエディング，ロングステイ等に関する知識を修得し，特定の目的をもって旅行するお客様に対応するスペシャリスト）の認定制度があったが，平成27年をもって廃止された。

クレカウンセラーの認定　一般社団法人日本クレジット協会は，業界団体として，クレカウンセラーの認定制度を設けている。クレジットに関する法令・自主ルールを遵守して適正な業務運営を確保し，消費者利益の保護をもって業界の信頼性向上を図るため，企業内においてその体制整備のため必要な助言・指導，業務改善に向けた取り組みを行うとともに，対外的には消費者教育等を通じクレジット業界の健全な発展に資する人材を育成することを目的とする認定である。所定の講習を受けた者が認定される。受講資格は，原則として会員企業・団体またはこれらに関連ある企業等の職員である。

7　実務関係資格・監査関係資格の認定

認定ファシリティマネジャーの認定　公益社団法人日本ファシリティマネジメント協会，一般社団法人ニューオフィス推進協会，公益社団法人ロングライフビル推進協会の3団体は，協力して，ファシリティマネジャー（FM）に必要な専門知識・能力についての試験（認定ファシリティマネジャー資格試験）を行い，試験に合格し，登録を行った者に，「認定ファシリティマネジャー（CFMJ）」の称号を与えることとしている。これは，企業・団体などの組織体の全施設及び環境（ファシリティ）を経営的視点から総合的に企画・管理・活用する経営管理活動（ファシリティマネジメント）に関わる新たな専門家を育成，普及することにより，快適かつ機能的なファシリティを継続的に供給し，企業理念の具現化及び経営目標を達成し，かつ健全な社会資本の形成に貢献することを目的として資格の認定を行うものである。

　認定ファシリティマネジャーに期待されるのは，①快適性，生産性，信頼性，適合性，品格性等の品質性能の確保，投資やファシリティコストの最適化，需要

の変化への柔軟な対応のために，データを定量的にとらえ，課題を明確にし，誰でも十分に理解される目標を定めること，②目標を達成するため，関係の専門家等の力を組織化し，具体的な実行計画を策定し，その計画の実行を管理すること，③つくりあげられたファシリティが，経営環境やニーズの変化に柔軟に対応し，つねに目標を満足しているかの調査・評価を行うこと，であるという[13]。

　実務能力認定機構による認証・認定　　特定非営利活動法人実務能力認定機構（Accreditation Council for Practical Abilities）は，産業界において，プロフェッショナルとしての職遂行能力（実務能力）を持つ人材を育成することを目標に，人材育成のための講座，教育機関，検定試験を評価基準に基づいて認証するとともに，認証した講座や検定を修了（合格）した者に，職種や仕事内容に対応した知識やスキルを備えていることを認定する事業を実施している。個人認定については，エントリーレベル，ミドルレベル及びハイレベルに分かれ，さらに，エントリーレベルは，レベル 0，レベル 1，レベル 2 に分かれている。とりあえず，IT 系スキル及びビジネス系スキルについての認定を実施している模様である。

　ブランド・マネジャーの認定　　一般財団法人日本ブランド・マネジャー認定協会は，ブランド・マネジャーの認定を行っている。ブランド・マネジャーとは，ブランドの資産としての価値を高めるために，その構築から管理までの活動全般にわたる広範囲の経営的責任を担うという。広義のブランド・マネジャーとは，役職名ではなく，経営者的視点からブランドの価値を高める経営戦略を実現する役割を担う人を指しているとされる。ブランド・マネジメントやブランド戦略を体系的に学び，実践できる人材が少ない現状においてマーケティングにおいて重要かつ希少性のある資格であるという。

　プロフェッショナル資格の認定　　一般社団法人日本コンタクトセンター教育検定協会は，コンタクトセンターアーキテクチャ（CAP）及びオペレーションマネジメント（OMP）のプロフェッショナル資格の認定を行っている。それぞれ検定試験に合格したうえ，所定の認定基準を満たしているかどうかを審査して認定される。「業務の 7 分野」のうち，最低 2 分野の業務経験が 2 年以上あることが求められ，その業務経験年数には，CAP にあっては「センターアーキテクト」及び「コンタクトセンター情報通信システム」のうち最低 1 分野，OMP にあっ

13）公益社団法人日本ファシリティマネジメント協会のウエブサイトによる。

ては「オペレーション」と「ヒューマンリソースマネジメント」」のうち最低1分野が含まれていなければならない[14]。さらに，「コン検の倫理綱領・職業倫理規定および継続教育・学習指針の順守への宣誓」が要件とされている。

　安全保障輸出管理実務能力の認定　　一般財団法人安全保障貿易情報センターは，安全保障輸出管理実務能力の認定のため，安全保障貿易管理（Security Trade Control）の認定試験を実施している。STC Associate（初級），STC Advanced（中級），STC Expert（上級・総合），STC Legal Expert（上級・法令）の種別がある。

　フィナンシャル・プランナーの認定　　特定非営利活動法人日本フィナンシャル・プランナーズ協会は，フィナンシャルプランナー（FP）の資格として，AFP（Affiliated Financial Planner）資格とCFP（Certified Financial Planner）資格を認定している。AFP資格は，2級FP技能検定に合格しAFP認定研修を修了した者が協会に登録することにより付与される。CFP資格は，AFP認定者又は協会指定の大学院の所定課程の修了者である者が資格審査試験に合格し，エントリー研修を修了することと一定の実務経験を有することによって認定される。同協会は，国際CFP組織であるFPSBとのライセンス契約により認定しているという。

　会計税務研究協会による専門アカウントタントの認定　　民間団体が，税理士や公認会計士について，専門領域の業務能力を認定する制度を設けている例がある。

　特定非営利活動法人「NPO会計税務研究協会」は，「NPOアカウントタント」（税理士資格を有することが要件），「公益法人アカウントタント」（税理士及び公認会計士資格を有することが要件），「宗教法人アカウントタント」（税理士及び公認会計士資格を有することが要件），「一般社団法人・財団法人アカウントタント」（税理士及び公認会計士資格を有することが要件）の各認定制度を設けている。いずれも，各アカウントタント養成講座を受講し，全カリキュラムを修了することが認定要件に含まれている。

　東京商工会議所の国際会計検定　　東京商工会議所は，英文簿記及び国際会計論の2科目の試験を実施して，その点数によって，Controller Level, Accounting Manager Level, Accountant Level, Bookkeeper Levelの称号による認定がなされる。

14）業務7分野は，以上の4業務のほか，コンタクトセンター戦略，カスタマーサービス及びCRMである。

各種実務能力の認定　　以上のほかにも，いくつかの団体が実務能力の認定を行っている。

特定非営利活動法人大学図書館支援機構は，大学図書館業務実務能力の認定試験を実施している。業務を測る指標として，図書初級，雑誌初級，図書中級，雑誌中級，文献提供の 5 種類の認定試験を実施している。

特定非営利活動法人医療福祉実務能力協会は，介護保険請求の実務能力，調剤情報実務能力，介護情報実務能力の，各認定試験を行っている。

また，全国医療福祉教育協会は，特定非営利活動法人職業技能専門教育研究機構の認定を受けた機関であるところ，医療事務認定実務者，調剤事務認定実務者，看護助手認定実務者の各認定試験を行っている。さらに，株式会社技能認定振興協会も，医療事務，調剤事務管理士，医科医療事務管理士，歯科医療事務管理士，在宅診療報酬事務管理士，医療個人情報取扱者，介護事務管理士，介護個人情報取扱者の各技能認定試験を行っている。

コンプライアンス・オフィサー，コンプライアンス・アドバイザーの認定

一般社団法人コンプライアンス推進機構は，各企業・団体等において真の意味のコンプライアンスの充実・高度化が求められているという認識に基づいて，二つの資格の認定を行っている。

認定コンプライアンス・オフィサーは，企業倫理・職業倫理の徹底・浸透等を図ることを中核としたコンプライアンス概念に精通しており，かつ，コンプライアンスの実現に必要となる内部統制，企業法務等に関する幅広い知識・判断力を有する者であることを認定する資格である。企業の実務担当者を対象としている。認定要件は，認定コンプライアンス・オフィサー試験 3 科目に合格していること，社会人としての実務経験が 3 年以上であることである。

また，認定コンプライアンス・アドバイザーは，内部統制，リスク・マネジメント等に不可欠な基礎知識を身につけ，これらを実践できる優れたビジネスパーソンを認定する資格である。認定要件は，次のいずれかを満たしていることである。①認定コンプライアンス・アドバイザー試験に合格していること，②通信講座コンプライアンス総合コースを修了していること，③通信講座コンプライアンス基礎コースを修了していること，④通信講座管理職企業倫理・コンプライアンスコースを修了していること。

地方監査会計技術者資格の認定　　一般社団法人「英国勅許公共財務会計協会

日本支部」のウエブサイトによれば，日本国内の公共部門における監査・会計・財務管理等に関する専門人材の育成を目的として，日本支部による国内での固有の資格として，「地方監査会計技術者」を設けて，所定の要件を満たす資格取得希望者を対象に，試験実施の方法によることなく，認定しているという。以下，そのウエブサイトの中から拾って説明しよう。

　この一般社団法人の名称自体が気になるところであるが，英国の Chartered Institute of Public Finance and Accountancy（＝CIPFA）と石原俊彦関西学院大学教授とが，CIPFA の日本支部設立に関する協定を締結し，一般社団法人として「英国勅許公共財務会計協会日本支部」が設立されたという。石原教授は，日本人として初めて英国の勅許公共財務会計士（Chartered Public Finance Accountant）（CPFA）の資格をとられた方である。そして，CIPFA 本部は，日本支部との協議により，①日本の地方監査会計技術者であること，②（商学，経済学，経営学，公共政策などの公共経営に関連する分野の）博士学位取得者若しくは修士学士取得者あるいは公認会計士，③日本支部 Founder の推薦があること，の要件を満たす者の申請に基づいて，審査の上 CPFA の資格を付与しているという。日本支部の Founder は，石原教授と CIPFA 前事務総長の Steve Freer 氏であるというから，実際には，石原教授の推薦の重みが発揮されるのであろう。

　地方監査会計技術者資格の申請資格要件には，「地方自治体の首長（副知事，副市町村長を含む）およびその経験者」，「地方自治体の議員およびその経験者」も含まれていることに加えて，「関西学院大学ビジネススクールで会計学および公共経営論の単位を取得した者」，「関西学院大学アカウンティングスクール自治体会計コースを修了した者」という特定大学における単位取得やコースの修了も含めている点に興味を覚える。

　公認内部監査人等の認定　　一般社団法人日本内部監査協会は，公認内部監査人（CIA），公認リスク管理監査人（CRMA），内部監査士及び金融内部監査士の認定を行っている。

　これらのうち，「公認内部監査人」の認定は，国際的な機関である内部監査人協会（The Institute of Internal Auditors=IIA）の国際的内部監査人の資格である公認内部監査人（Certified Internal Auditor）認定試験の日本語版試験を実施して，IIA の認定を支えている。三つのパートからなる認定試験の合格に加えて，所定期間の内部監査実務経験[15]が要件とされている。

　「公認リスク管理監査人」は，リスク評価，ガバナンス・プロセス，品質評価，若しくは内部統制の自己評価を提供する責任と経験をもつ内部監査人又はリスク・マネジメントの専門職を対象とした資格である。この資格を取得するには，原則的な教育要件（4 年制大学卒業）及び実務経験（内部監査実務経験又はコントロールに関する 2 年以上の実務経験），公認内部監査人の資格認定試験の Part 1 に合格していることを要件とし，資格認定試験に合格しなければならない。

　「内部監査士」は，内部監査の理論・実務についての専門的な研修及び修了論文の審査等により認定する資格で，認定講習会は，協会自体が実施している。「金融内部監査士」は，内部監査業務の中でも，特に金融分野に精通した内部監査の担当者の専門的能力を認定する資格で，協会が指定する団体等で行っている研修[16]の修了者に付与される。

　日本セキュリティ監査協会による認定　　特定非営利活動法人日本セキュリティ監査協会は，複数の資格認定行っている。

　「情報セキュリティ監査人補」は，情報セキュリティ監査制度に対する知識と経験を有し，OJT として監査に参加する（監査経験を積んで，監査人を目指すことが期待されている）。認定には，専門分野の知識として，情報技術分野で少なくとも 3 か月以上の業務経験があること又は情報分野について専門的な教育を受けていること，さらに，協会認定の 2 日間研修コースを受講・履修し研修修了試験に合格することが求められる。また，協会認定の 3 日間のトレーニングコースを履修してトレーニング修了試験に合格することも要件とされる。

　「公認情報セキュリティ監査人」は，情報セキュリティ監査の実施時に，主任監査人の指導の下に，監査計画を立案し，監査計画に基づいて監査を実施し，報告書を作成して監査結果を被監査主体に報告する役割を担う。認定には，少なくとも 4 年以上の実務経験があること，そのうち情報セキュリティ関連分野で少なくとも 2 年以上の業務経験があることが要件とされている。協会認定の 2 日間の研修コースを受講・履修と研修修了試験合格，3 日間のトレーニングコースの履

15）修士号所持者は 12 か月，学士号所持者は 24 か月，準学士号所持者（短大卒業者）は 60 か月。

16）現在，認定講座として，経済法令研究会の開講している二つのコースがあるという。以上，日本内部監査協会のウエブサイトによる。

修とその修了試験合格は，監査人補と同様である。実証能力として，監査人，主任監査人，主席監査人又は協会会員からの推薦が求められる。

　「公認情報セキュリティ主任監査人」は，情報セキュリティ監査の実施時に，監査チームを編成し，リーダーとなって監査を主導するとともに，監査実施後は報告書を作成し，監査結果を被監査主体に報告する役割を担う。業務経験の要件は，監査人と同様である。2日間の研修コースの受講・履修と試験合格，3日間のトレーニングコースの履修と合格は，監査人と同様である。そのほかに協会認定の監査経験確認試験に合格することが求められる。実務経験に関しては，詳細な要件が定められている。さらに，監査人の実証能力に加えて，資格認定委員会委員による面接審査に合格しなければならない。

　「情報セキュセリティ監査アソシエイト」は，監査チームリーダーの養成によりチームの一員として専門知識に基づく助言を行う役割を担う。認定には，専門知識として，専門知識（分野は問わない）を示す資格を保有すること，又は大学等の高等教育機関で高等教育を受けていること，又は専門分野（分野を問わない）における業務経験を有することが要件とされ，さらに，協会認定の2日間の研修コースを受講・履修し研修修了試験に合格することが求められる。

　「公認情報セキュリティ主席監査人」は，個別の情報セキュリティ監査を実際に行うための資格ではなく，社会全体の見地から公正かつ公平な情報セキュリティ監査の実施に寄与し，情報セキュリティ監査制度の普及促進・発展を担保する役割を担う。

　公認システム監査人の認定　　特定非営利活動法人日本システム監査人協会は，「公認システム監査人」及び「システム監査人補」の認定を行っている。「情報システム」とは，組織体及び組織体間の諸活動を支えるデータ・情報の収集，蓄積，処理，伝達，利用に関わる活動・仕組み・体系の総称」であるという[17]。そして，「システム監査」とは，「専門性と客観性を備えたシステム監査人が，一定の基準に基づいて情報システムを総合的に点検・評価・検証をして，監査報告の利用者に情報システムのガバナンス，マネジメント，コントロールの適切性等に対する保証を与える，又は改善のための助言を行う監査の一類型」であるとされている[18]。

17）経済産業省「システム監査基準」（平成30年4月）1頁脚注1。

「システム監査人補」は，システム監査技術者試験の合格者である「システム監査技術者」を対象に，一定の継続教育を受けることを条件（「今後，継続教育要件を満たす旨」の宣誓書の提出が要件とされている）として，認定される。「公認システム監査人」は，システム監査人補が所定の実務経験を裏付ける小論文を添付して申請し，面接により認定される。

システム監査技術者試験の合格者でない者であっても，一定の資格保有者については，保有資格に対応して定められている科目の特別認定講習を履修し一定以上の成績を修めた場合に認定される。所定科目は，たとえば，内部監査人については「情報システムに関する知識」，公認情報セキュリティ監査人については「システム監査に関する知識」，中小企業診断士については「システム監査に関する知識」と「論文及びプレゼンテーション」，とされている。

公認医療情報システム監査人の認定　　一般社団法人医療情報安全管理監査人協会は，「公認医療情報システム監査人補」，「公認医療情報システム監査人」の認定を行っている。公認医療情報システム監査人は，医療情報システム，監査，医療情報の安全管理に関わる法令・ガイドラインに関する知識・技能をもつ監査技術者である。ガイドラインとは，厚生労働省の示しているガイドラインである。

「公認医療情報システム監査人補」の認定要件は，一般財団法人医療情報システム開発センターの実施する医療情報システム監査人試験の合格者で，合格証の日付から1年以内であること，倫理規程の遵守及び監査技術の研鑽を約束できることである。また，「公認医療情報システム監査人」の認定要件は，公認医療情報システム監査人補の認定を受けていること（同時申請も可），所定の監査実績があること，所定の保健医療福祉分野における実務経験があることである。

システム監査学会の専門監査人資格の認定　　システム監査学会は，情報セキュリティ専門監査人，個人情報保護専門監査人及び会計システム専門監査人の認定を行っている。監査能力に関しては，共通に，システム監査技術者試験に合格していること又はこれと同等の能力があると認定審査会が認めた者で関連資格を有していることが求められる。

情報セキュリティ専門監査人の要求水準は，①システム監査基準に基づく監査ができること，②情報セキュリティ監査基準に基づく監査ができること，③

18）経済産業省・前掲1頁。

ISMS[19)]認証基準に基づく監査ができること，④情報セキュリティ構造上の欠陥を指摘できること，⑤情報セキュリティ管理上の欠陥を指摘できること，である。また，情報セキュリティに関する知識・能力に関しては，情報セキュリティアドミニストレータ，技術士（情報工学部門）若しくは ISMS 主任審査員であること（合格していない場合は，学会が実施する情報セキュリティ専門監査人資格認定講座を受講し修了したこと）とされている。

　個人情報保護専門監査人の要求水準は，①システム監査基準に基づく監査ができること，②個人情報保護の状況を監査できること，③プライバシーマーク制度で要求されている監査ができること，④情報漏洩の可能性を指摘できること，⑤情報資産の保全についての問題点を指摘できること，とされている。個人情報保護に関する知識・能力に関しては，弁護士資格を有すること（有していない場合は，学会が実施する個人情報保護専門監査人資格認定講座を受講し修了したこと）とされている。

　会計システム専門監査人の要求水準は，①システム監査基準に基づく監査ができること，②会計システムの欠陥を指摘できること，③会計情報の不正・エラー等を指摘できること，④会計情報の保全について問題点を指摘できること，とされている。会計に関する知識・能力については，公認会計士の資格を有すること（有していない場合は，学会が実施する会計システム専門監査人講座を受講し修了したこと）とされている。

　以上から見て，「専門監査人」と称するに相応しい要件が設定されているといえよう。

　情報セキュリティマネジメントシステム（ISMS）認証機関の認定　　個人資格ではないが，次の項目との関係において，機関の認定を述べておこう。情報セキュリティには，機密性（情報が漏洩しないようにすること），完全性（改ざんや誤りがないようにすること），可用性（必要なときに必要な人が利用できるようにすること）の3要素があるといわれる。ISMS の構築には，国際規格 ISO/IEC 27001（JIS Q 27001）及びガイドライン規格である ISO/IEC 27002 があり，前者に基づいて適切に運用されているかを，利害関係のない公平な立場から審査して証明する第三者である ISMS 認証機関による認証が重要である。認証機関による認証が公平に

---

19) ISMS とは，Information Security Management System の省略である。

運用されることを担保するために，認証機関を認定審査する認定機関が必要となる。一般社団法人情報マネジメントシステム認定センターは，このマネジメントシステム認証機関の認定を行っている。

情報セキュリティマネジメントシステム審査員　認証機関の認定とは別に，情報セキュリティマネジメントシステムを審査する人材の質を確保する必要がある。その目的で，一般財団法人日本要員認証協会マネジメントシステム審査員評価登録センター（JRCA）は，情報セキュリティマネジメントシステム審査員の資格を定め，資格を有すると認めたものを登録している。同センターの「情報セキュリティマネジメントシステム審査員の資格基準及び評価登録手順（改定：2020 年 4 月 1 日）」によっている。そこには，「認定」の語が用いられないが，審査員として登録をするには，その前提として資格を有する旨の認定が先行しているはずである。審査員には，審査員補，審査員，主任審査員，エキスパート審査員の 4 種類がある。

「審査員補」は，主任審査員又はエキスパート審査員の指導，助言が得られる状況で，審査を行うことができる者である。情報セキュリティマネジメントシステム審査員に共通して必要となる基本的な知識及び技能を習得し，これらを審査の場面を想定した模擬演習及び筆記試験において実証することができる。新規登録を受けるには，次の要件を満たさなければならない。

1）実務経験

① 大学教育と同等なレベルの専門教育又は訓練を修了していること。

② 申請日を遡る 10 年以内に 4 年以上の常勤による情報技術分野の実務経験（訓練期間は含まない）を有していること。該当する情報技術分野における実務経験としては，例えば以下のものがある。

・情報技術に関する調査，研究，評価，コンサルティング

・情報処理システムに関する開発，販売，構築，運用，保守，監査

③ 上記②の実務経験において，2 年以上の情報セキュリティに関連した役割又は職務に就いていること。該当する情報セキュリティに関連した役割又は職務としては，以下のものに関わる担当者，責任者がある。

・脆弱性対策（ウィルス対策等）

・機密保護（暗号，アクセスコントロール等）

・物理的セキュリティ・安全性，可用性対策（バックアップ，媒体管理，監

査ログ等）

２）審査員研修コースの修了

　　センターが承認する情報セキュリティマネジメントシステムのフォーマル研修コースを，申請日から過去5年以内に修了していること。

３）審査員倫理綱領の遵守

なお，公益財団法人日本適合性認定協会（JAB）及び一般財団法人日本情報経済社会推進協会情報マネジメントシステム認定センター（ISMS-AC）を含むIAF加盟認定機関により当該MS審査員登録について認定された要員認証機関に登録している品質，食品安全，環境又は労働安全衛生のマネジメントシステム（QMS，FSMS，EMS又はOHSMS）審査員補，審査員又は主任審査員は，情報セキュリティマネジメントシステム審査員補へ資格拡大登録の申請を行うことができる。「他の団体の審査員からの拡大登録」を制度化している点に注目したい。

「審査員」は，審査チームメンバーとして，審査を行うことができる者である。審査員は，主任審査員の指導又はエキスパート審査員の指導・助言が得られる状況で，審査チームリーダーの役割を担当することができる。審査員は，審査員補に求められる基本的な力量を有し，審査チームメンバーとして，これらを実際の審査の場面で適用することができる。情報セキュリティマネジメントシステムの審査員補として，センターに登録されていることを前提条件として，次のような基準を満たす必要がある。

１）審査実績

　　情報セキュリティマネジメントシステム「審査員」への格上げ申請前までに，情報セキュリティの全審査過程を経験していること，審査チームメンバーとして4回以上，かつ，審査日数合計20日以上（現地審査日数合計14日以上）の実績を有することが求められる。さらに，次の①〜④の条件を満たすこととされている。

① 審査実績は，"有効な審査実績"の要件を満たしていること。ただし，そのうち25％までは必ずしもマネジメントシステムの全面的な審査でなくてもよい。

② 審査実績は，二つ以上の異なる組織に対するものであること。

③ 審査への参加には，文書レビュー，リスクアセスメント，実施評価，並びに審査報告の作成を含むこと。

④　審査期間中，審査チームに，適正な指導者が含まれており，格上げ該当者が指導・助言を受けられる環境にあること。なお，上記に加え，格上げ対象者が指導者と常に行動を共にし，著しく高い教育効果が得られる環境を実現している場合には，審査日数を二分の一に軽減することができる。その場合は，次の(i)～(iii)の条件を満たしていること。

(i)　認証機関の一貫した教育計画に基づく審査であり，全審査を通じて明確なマン・ツー・マン方式による指導・教育が確実におこなわれていること。

(ii)　指導者は，同センター主任審査員か又はエキスパート審査員であること。

(iii)　審査実績は，IAF加盟認定機関から認定を取得している認証機関によるもので，"有効な審査実績"要件を全て満たしていること。

2）受審組織による証明

審査実績について，受審組織のマネジメントシステム責任者から，審査が申請書記載どおりに実施されたこと，及びJIS Q 19011の「4 監査の原則」に則って実施されたことの証明を受けること。

3）審査能力の確認

すべての審査実績について，審査チーム内の適正な指導者による観察，指導及び助言を通じて，審査能力の確認がなされていること。

4）センターが定める「審査員倫理綱領」を遵守すること。

「主任審査員」は，審査チームリーダーとして，審査を統括することができる者である。主任審査員は，審査チームメンバーとしての力量を実証した上で，実際の審査の場面で，審査チームリーダーとして，審査を統括することができる。情報セキュリティマネジメントシステムの審査員として，センターに登録されていることを前提条件として，次のような基準を満たす必要がある。

1）必要なリーダー審査実績

審査員に格上げ後，審査チームのリーダーとしての"有効な審査実績"が3回以上あること。さらに，次の①～③の条件を満たすこと。

①　審査実績は，2つ以上の異なる組織に対するものであること。

②　審査チームに，適正な指導者（センター登録ISMS主任審査員，エキスパート審査員又はこれと同等以上の力量レベルにある者）が含まれており，現地審査

期間中，格上げ該当者が，その指導者による指導及び助言を受けていること
と

③　審査への参加には，審査開始時の適用範囲の決定及び計画の立案，文書
レビュー及びリスクアセスメント，実施評価及び正式な審査報告書の作成
を含まなければならない。

2）受審組織による証明

すべてのリーダー審査実績について，受審組織のマネジメントシステム責
任者から，審査が申請書記載どおりに実施されたこと，及び JIS Q 19011 の
「4　監査の原則」に則って実施されたことの証明を受けること。

3）リーダー能力の確認

すべてのリーダー審査実績について，審査チーム内の適正な指導者による
観察，指導及び助言を通じて，リーダー能力の確認がされていること。

4）審査員倫理綱領の遵守

センターが定める「審査員倫理綱領」を遵守すること。

「エキスパート審査員」は，豊富な審査経験を有し，審査の熟達者として，審
査員候補者，審査チームメンバー又は審査チームリーダーの指導・育成や審査員
の力量の評価・検証を専門に行うことができる者である。エキスパート審査員と
して登録されるには，情報セキュリティマネジメントシステムの主任審査員とし
てセンターに登録された後，資格更新を行った実績が2回以上，かつ主任審査員
として登録した実績が6年以上あることが前提条件とされている。そのうえで，
次のような基準を満たさなければならない。

1）必要な審査実績

情報セキュリティマネジメントシステム主任審査員としてセンターに登録
されている間に，審査チームリーダーとしての"有効な審査実績"が，合計
100回以上あること。この審査実績は，当該審査を実施したマネジメントシ
ステム（MS）認証機関等の責任者の証明を受けていること。

2）必要な指導・教育研修実績

⑴　審査員の指導又は教育研修を実施した実績が，合計10回以上あること。
有効な審査員の指導又は教育研修の実績としては，以下の要件を満たすも
のを1回の実績として取り扱う。

①　情報セキュリティマネジメントシステム審査における，他の審査員の

現地審査指導（OJT 指導）の実績。この指導実績は，"有効な審査実績"の要件を満たす審査であること。また，MS 認証機関等の責任者の証明を受けること。

② 情報セキュリティマネジメントシステムに関する 5 時間相当以上の教育研修等を実施した実績。また，教育研修等の主催責任者の証明を受けること。

⑵　上記⑴の要件を満たした上で，合計 10 回を超える審査員の指導又は教育研修を実施した実績がある場合は，超過分の実績を審査実績として算入することができる。なお，審査実績として算入する審査員の指導又は教育研修を実施した実績については，ISMS 以外の MS に関するもの（1 回の実績として取り扱う要件は ISMS と同等）でもよい。ただし，審査実績として算入できる審査員の指導又は教育研修を実施した実績は，最大 50 回までとする。

3 ）指導者能力の確認

① センターに登録されている情報セキュリティマネジメントシステムの主任審査員又はエキスパート審査員から，エキスパート審査員資格登録のための推薦があること。

② 上記①と異なる者で，当該審査を実施した MS 認証機関等の責任者から，エキスパート審査員資格登録のための推薦があるか，又は審査員の指導及びコーチングに関する力量を示す適切なレポートを提出すること。

4 ）審査員倫理綱領の遵守

以上の基準に登場する"有効な審査実績"は，この文書の 11 項に詳細に定められている。

国際基準に適合することに細心の注意が払われた資格基準であるといえる。

環境マネジメントシステム審査員　　一般財団法人日本要員認証協会マネジメントシステム審査員評価登録センター（JRCA）は，環境マネジメントシステム審査員（＝環境審査員）を登録している。環境審査員の登録をするには，その前提として資格を有する旨の認定が先行していることは，前述の情報セキュリティマネジメントシステム審査員の場合と同様である。環境審査員には，審査員補，審査員，主任審査員の 3 種類がある。

同センターの「環境マネジメントシステム審査員の資格基準（改定 3 版：2020

年4月1日）」が，各審査基準を定めている（以下に掲げる内容は，若干簡略化し細部を省略している。なお，この基準は，令和3年1月に改定の予定である。）。審査員補は，以下の資格基準を満たすとJRCAが認めて登録した者である。審査員補は，JRCA登録主任審査員の指揮及び指導のもとに監査を行うことができる。

「審査員補」の資格基準は，次のとおりである。

1）技術的，管理的又は専門的立場での業務経験を7年以上有すること。この業務経験は，判断を下し，意思決定及び問題解決の実行，並びに管理者又は専門家，同僚，顧客及びその他の利害関係者と意思の疎通を図るといった内容のものであること。ただし，この業務経験年数は高等学校以上の学歴を有するものにおいては，4年以上とする。

2）前項の業務経験のうち，2年以上は所定の環境マネジメント分野（18の分野が掲げられている）の知識及び技能に係る業務経験であること。また，経験は申請日以前10年以内の経験であること。

3）申請日前5年以内にJRCAが承認した環境審査員フォーマルコースを修了し，JRCAが実施する環境マネジメントシステム審査員力量試験の筆記試験に合格していること。

4）JRCAの審査員倫理綱領，審査員の義務及びJRCA登録審査員資格の公表に係わる遵守事項を遵守すること。

次に，「審査員」は，次の資格基準を満たしたことで，監査チームメンバーとして監査を行える力量があるとJRCAが認め，登録した者である。審査員は，①JRCA登録主任審査員の指揮及び指導がなされること，及び②監査される組織（被監査者）が同意すること，の二つの条件のもとに，監査チームリーダーの役割を担当することができる。審査員は，審査員補の条件に加えて，以下の条件のすべてを満たすことが求められる。

1）JIS Q 14001（ISO14001）への適合性監査の全過程に，JRCA登録主任審査員の指揮及び指導のもとに，登録申請日以前3年間に4回以上かつ現地監査5日以上監査員（チームメンバー又は訓練リーダー）として，参加していること。この監査の経験は，5.1項3）号の環境マネジメントシステム審査員力量試験の筆記試験合格後の監査経験であること。なお，監査経験については，6項の要件を満たすこと。

2）前号の監査において，指揮及び指導したJRCA登録主任審査員から，次の

審査員としての力量に基づき，JIS Q 19011（ISO19011）箇条6又はJIS Q 17021-1（ISO 17021-1）細分箇条9.4に記載する監査を行える者として推薦されること。

① JIS Q 19011（ISO19011）細分箇条7.2.2又はJIS Q 17021-1附属書Dに定める個人の行動

② JIS Q 19011（ISO19011）細分箇条7.2.3.2に定める知識及び技能

　a）監査の原則，プロセス及び方法

　b）マネジメントシステム規格及びその他の基準文書

　c）組織及び組織の状況

　d）適用される法令・規制要求事項，及びその他の要求事項

③ JIS Q 19011（ISO19011）細分箇条7.2.3.3及び前5.1項2）号の監査員の力量

　a）分野及び業種に固有の監査員の力量

　b）環境マネジメント分野に固有の監査員の力量

3）前1）号の監査において被監査者から，JIS Q 19011（ISO19011）箇条4に定める監査の原則に基づき監査が行われたことを証明されること。

4）前1）号の監査において被監査者及び監査依頼者から，異議申立て及び/又は苦情を受けた場合は，その内容の記録を提出すること。

「主任審査員」は，資格基準を満たしたことで，監査チームリーダーとして監査を統括する力量があるとJRCAが認めて登録した者である。主任審査員は，審査員の資格を有しており，次に掲げる条件のすべてを満たすことが求められる。

1）審査員に登録後，下記①又は②の要件を満たすこと

① 審査員としての1回以上の登録の再認証を受ける。

② JIS Q 14001（ISO14001）への適合性監査の全過程に，JRCA登録主任審査員の指揮及び指導のもと審査員として3回以上参加し，全ての監査において審査員の項目の2）号の推薦をもらうこと。

2）前1）号の監査経験後，JIS Q 14001（ISO14001）への適合性監査の全過程に，JRCA登録主任審査員の指揮及び指導のもとに監査チームリーダーの役割を担当して，登録申請日以前2年間に3回以上かつ現地監査5日以上参加していること。

3）前2）号の監査において指揮及び指導したJRCA登録主任審査員から，審

査員としての力量に加え，次の主任審査員としての力量に基づき，監査チームリーダーとして監査を統括できる者として推薦されること。

JIS Q 19011（ISO19011）細分箇条 7.2.3.4 に定める力量

a）監査を計画し，個々の監査チームメンバーの固有の力量に応じて監査業務を割り当てる。

b）被監査者のトップマネジメントと戦略的課題について意見交換する。

c）監査チームメンバー間に協力的な業務関係を構築し維持する。

d）次の事項を含む監査プロセスをマネジメントする。

－監査中に資源を有効に利用する。

－監査目的を達成することの不確かさをマネジメントする。

－監査中の監査チームメンバーの安全衛生を保護する。これには，監査員が関連する安全衛生及びセキュリティに関する取決めの順守を確実にすることを含む。

－監査チームメンバーを指揮する。

－訓練中の監査員を指揮及び指導する。

－必要な場合，監査チーム内のものを含めて，監査中に発生し得る利害抵触及び問題を防ぎ，解決する。

e）監査プログラムをマネジメントする人，監査依頼者及び被監査者とのコミュニケーションでは監査チームを代表する。

f）監査チームを導いて，監査結論に達する。

g）監査報告書を作成し，完成する。

4）前1）及び2）号の監査において被監査者から，JIS Q 19011（ISO19011）箇条4に定める監査の原則に基づき監査が行われたことを証明されること。

5）前1）及び2）号の監査において，被監査者及び監査依頼者から異議申立て及び（又は）苦情を受けた場合は，その内容の記録を提出すること。また，その内容は資格の停止又は取消しに相当するものでないこと。

なお，「監査経験」の要件については，詳しい定めがある。

以上のように，国際標準に合わせるために，詳細な資格基準が定められている。

その他のマネジメントシステム審査員　　一般財団法人日本要員認証協会マネジメントシステム審査員評価登録センターは，以上のほかにも，次のような審査員・監査員の資格基準を定めて，申請に基づいて登録を行っている。品質マネジ

メントシステム審査員，食品マネジメントシステム審査員，労働安全衛生システ
ム審査員，航空宇宙産業向け審査員，マネジメントシステム内部監査員。

　労務監査人の認定　　一般社団法人人事・労務エキスパート協会は，労務監査
人の認定を行っている。同協会又は協会が指定する講座実施団体が開催する労務
監査人養成講座を受講し修了証の交付を受けた者を対象に，人事労務における実
務経験と知識に関する総合的判断により認定している。

8　その他の資格の認定

　鳥獣管理技術協会による鳥獣管理士制度　　一般社団法人「鳥獣管理技術協会
(Japan Wildlife Management Society)」は，鳥獣管理士の制度を設けている。全国各地
で人と野生鳥獣との軋轢が大きな問題となっている中で，農作物被害，生態系被
害，生活安全など，人と野生鳥獣の軋轢に関する地域課題の解決を担う人材の技
術的能力を認証することを目的に設けられている資格制度であるという。資格に
は，修得した知識・技術や現場経験のレベルに応じて1級から3級の資格が設定
されているという。資格試験は，鳥獣管理の専門的な教育[20]を受けた者又は鳥
獣管理 CPD 単位[21]を取得した者を対象としている。ここには，「認定」の文言
が直接に登場していないが，鳥獣管理士認定試験を受験した者に対して，鳥獣管

---

20)　大学や専門学校等による鳥獣管理に関わる知識・技術の普及や技能の修得を目的と
　　した専門的で体系的な教育プログラムを認定する「JWMS 認定プログラム制度」を設
　　けている。認定プログラム I は，野生鳥獣の保護管理に関わる人材の養成を主目的と
　　した教育プログラムを実施している大学・専門学校等を想定して，総時間数 120 時間
　　以上の専門的な教育プログラムを実施している大学・専門学校等のコース，学部，学
　　科，課程，専攻等を対象とし，修了者は，鳥獣管理士準1級の受験資格が与えられる。
　　認定プログラム II は，総時間数 60 時間以上 120 時間未満の専門的な教育プログラム
　　を実施している大学・専門学校等のコース，学部，学科，課程，専攻等を対象とし，
　　修了者には，鳥獣管理士2級の受験資格が与えられる。それぞれ，プログラムの受講
　　期間中に所定の単位数を履修済みの場合には，より低い所定の級の受験資格が認めら
　　れる。
21)　CPD（Continuing Professional Development System）は，鳥獣管理技術に関する継続
　　的な学習と能力開発に取り組む鳥獣管理士等の実績を協会が登録して認証することを
　　目的とする制度であるという。

理士を認定している[22]。

クルーズアドバイザー認定制度　　一般社団法人日本外航客船協会は，クルーズアドバイザーとして，クルーズ・コンサルタント（C.C）及びクルーズ・マスター（C.M）の認定を行っている。協会のホームページによれば，いずれも，クルーズ旅行に関するスペシャリストとして，主として旅行業界で働く者のためのステップアップ式の資格認定制度であるという。それぞれに研修の受講資格が設けられている。C.C は，座学研修と修了試験を1日で実施し，日本船1泊2日以上のものに体験乗船研修を行う。また，C.M は，座学研修と修了試験を2日で実施し，事前提出の小論文で審査される。

日本防災士機構による防災士資格の認証　　特定非営利活動法人日本防災士機構は，防災士認証制度を設けている。同機構のウエブサイトによれば，防災士とは，自助，共助，協働を原則として，社会の様々な場で，防災力を高める活動を行うための十分な意識と一定の知識・技能を修得したことを機構が認証した者であるという。

防災士になるには，①機構が認証した研修機関が実施する「防災士養成研修講座」を受講し，「研修履修証明」を取得，②機構が実施する「防災士資格取得試験」を受験して合格し，③全国の自治体，地域消防署，日本赤十字社等の公的機関，又はそれに準ずる団体が主催する「救急救命講習」（心肺蘇生法や AED を含む3時間以上の内容）を受け，その修了証を取得する，という3段階を踏まなければならない。この3段階を踏んだ場合に，防災士認証者として登録される。

斜面判定士の認定　　土砂災害の危険箇所を日常又は災害時に巡視し点検するのに必要な知識経験を有する者を「斜面判定士」として認定する仕組みがある。都道府県の砂防ボランティア協会に所属する砂防ボランティアで概ね5年以上の砂防関係の経験を有する者について都道府県砂防ボランティア協会会長が推薦して，「砂防ボランティア全国連絡協議会」会長が認定する方法が採用されている。認定には，講習会を受講する者と，都道府県砂防ボランティア協会会長が講習会受講者と同等の技術力を有すると判断して推薦する者とがある。

日本ファンドレイジング協会による認定ファンドレイザー資格の認定　　特定非営利活動法人日本ファンドレイジング協会は，認定ファンドレイザー資格制度

22）以上，鳥獣管理技術協会のホームページによる。

を設けている。日本の非営利民間セクターに対する寄付市場の拡大に資するため，ファンドレイザーのスキル向上，高度な倫理観を有するファンドレイザーの育成，後進の指導や健全な寄付市場の形成に向けて指導的立場に立つ人材の育成を目的としている。二つの資格がある。資格認定制度規約によれば，以下のようになっている。

「准認定ファンドレイザー資格認定制度」は，「寄付・会費・助成金などファンドレイジングに関する基本的な知識と，ファンドレイザーとしての一定の倫理観を有し，寄付市場拡大に寄与することが期待される人材」を認定するものである。以下の条件を全て満たし，同協会の個人会員となった時点で「准認定ファンドレイザー」として認定する。

1　検定試験実施日から起算して過去 6 年以内に協会が実施する「准認定ファンドレイザー必修研修」を受講していること。
2　検定試験実施日から起算して過去 6 年以内に協会が実施又は認定する「選択研修」を 9 ポイント以上受講していること。
3　協会が実施する准認定ファンドレイザー検定試験に合格すること。

「認定ファンドレイザー資格認定制度」は，「ファンドレイジングに関する基本的な知識に加え，組織の成長戦略・事業収入・補助金・融資なども含めた総合的な財源調達スキルについての深い知識と経験を有するもので，ファンドレイザーの規範となる高い倫理観を有するもの」を認定するという。准認定ファンドレイザー資格を有する者で，以下の条件を全て満たした者を「認定ファンドレイザー」として認定する。

1　検定試験実施日から起算して過去 6 年以内に協会が実施する「認定ファンドレイザー必修研修」を受講していること。
2　検定試験実施日から起算して過去 6 年以内に協会が実施又は認定する「選択研修」を 6 ポイント以上（准認定ファンドレイザー資格取得のための選択研修 9 ポイントを含まない）受講していること。
3　ファンドレイジング関連業務について 3 年以上の有償実務経験を有すること。
4　協会が実施する認定ファンドレイザー検定試験に合格すること。
5　協会の個人会員であること。

雇用環境整備士の認定　　一般社団法人日本雇用環境整備機構は，雇用環境整

備士の認定を行っている。育児者・障害者・エイジレス（高齢者を含む）を雇用するために組織の職場環境を整備できる専門の知識を有する者を、「雇用環境整備士」として認定している。同機構の定める講習会の修了又は機構の定める資格試験に合格し、対象者の公平な雇用機会の促進に努めるための法律・実務に関する知識を有する者と認定された場合に、雇用環境整備士の資格が付与され、資格者証が交付される。資格試験は、育児（Ⅰ種）、障害者（Ⅱ種）、エイジレス高齢者（Ⅲ種）、学生雇用（Ⅳ種）に分かれている。

　想定される環境整備士対象者は、①企業・団体等の役員、管理職、人事総務担当部局の担当者、②行政庁の担当者、③人事又は総務部局等への就職、就業又は配属を希望する者、④人事部門、人事選考、採用選考、給与、福利厚生等に関係する職にある者、⑤人材派遣業、人材紹介業を営む役員、従業員及びコーディネーターや営業の職にある者、⑥社会保険労務士、などであるという。

　全国大学実務教育協会による各種資格認定　　一般財団法人全国大学実務教育協会は、26 にも及ぶ各種の資格の認定を行っている。会員校の所定の科目・単位の履修を要件としている。個別の大学等が、個別に資格を宣言しても通用力がないのに対して、この法人がそれぞれの資格ごとの要件の定めることにより通用力を発揮する効果を有しているといえる。資格のなかには、ビジネス実務士、情報処理士、園芸療法士、環境マネジメント実務士、ボランティア実務士等々がある。

　全日本情報学習振興協会による認定　　一般財団法人全日本情報学習振興協会は、複数の認定試験を実施しており、その中には、個人情報保護士認定試験、マイナンバー保護士認定試験、情報セキュリティ管理士認定試験、働き方マネージャー認定試験、企業危機管理士認定試験、認定ハラスメント相談員試験、インバウンド実務主任者認定試験などが含まれている。個人情報保護やマイナンバーの保護といった、国の法制度を民間から支える認定試験を実施していることに注目したい。労働法務士、会社法務士、民法法務士の認定試験も実施している。

　なお、全日本情報学習振興協会は、他の団体と共同して認定を行っていることが多い。

　コミュニケーション・トレーナーの認定　　日本コミュニケーション能力認定協会のコミュニケーション・トレーナー育成コースを修了し、必要な課題への合格と登録を受けた者は、認定コミュニケーション・トレーナーの資格を付与され

る。認定コミュニケーショントレーナーは，一般財団法人日本教育推進財団が認定した「コミュニケーション能力2級・1級講座」を開催・指導することができるトレーナーである。この関係で，コミュニケーション・トレーナー育成コースの講座は，日本教育推進財団の監修を受けている（本書105頁を参照）。

メディカル・フィットネス協会のトレーナーの認定　　一般社団法人メディカル・フィットネス協会は，スチューデントトレーナー（初級・中級・上級），健康ケアトレーナー及び介護予防運動トレーナー，についての認定試験を実施して認定している。

JPSU スポーツトレーナーの認定　　「JPSU スポーツトレーナー」は，一般社団法人全国体育スポーツ系大学協議会に加盟する52大学の中で本資格の認定校に所属する学生と卒業生が取得できる。認定校では，資格認定に必要なカリキュラムが設定されていて，必要とされる全ての単位の取得，もしくは取得見込みになると，集合講習への参加及び資格認定試験の受験資格を得ることができる。認定校において受験資格を確認後に願書を提出し，オンラインライブ配信方式の集合講習を受けてから受験する。認定は，学士の取得が確定された後である。

プロフェッショナル司会者の認定　　一般社団法人日本プロフェッショナル司会者協会は，プロフェッショナル司会者の認定を実施している。「ブライダル司会者」と「イベント司会者」とに分かれ，いずれも1級から5級まである。1級，2級及び3級のディプロマの保有者は，業務提携先である「グレースMC」にプロフィールを掲載し，司会の仕事を請けることができる。

一般社団法人日本ソムリエ協会の認定　　一般社団法人日本ソムリエ協会（JSA）は，ソムリエ，ソムリエ・エクセレンス，ワインエキスパート，ワインエキスパート・エクセレンスの認定を行っている[23]。

この協会のウエブサイトによれば，「ソムリエ」とは，「飲食，酒類・飲料の仕入れ，管理，輸出入，流通，販売，教育機関，酒類製造のいずれかの分類に属し，酒類，飲料，食全般の専門的知識・テイスティング能力を有するプロフェッショナル」をいう。「ソムリエの役割」は，「飲食店もしくは酒類・飲料を販売する施設におけるそれらの提供，ならびに商品の適切な紹介とサービスを中心に，啓蒙・普及・研究・教育を目的とした専門的なアドバイスや清潔で衛生的な食事環

---

23) 呼称が激しく動いているため，容易に確認できない。

境の維持など広範に及ぶ」とされる。また,「ワインエキスパート」とは,「酒類,飲料,食全般の専門的知識・テイスティング能力を有する者」をいい,「プロフェッショナルな資格ではないので職業は問わず,むしろ愛好家が主な対象となる」という[24]。

　ソムリエ及びシニア・ソムリエの場合は,第一次試験（筆記）に合格した者に第二次試験としてテイスティング試験を行い,その合格者に第三次試験としてサービス実技試験を実施して,書類審査を行い認定している。

　ソムリエといえば,日本酒は除かれるような錯覚に陥るが,日本ソムリエ協会は,SAKE DIPLOMA の資格の認定も行っている。一次試験（コンピューターで解答する CBT 方式）と二次試験（テイスティングと論述試験）に合格した場合に,認定登録される。

　きのこマイスターの認定　　一般社団法人日本きのこマイスター協会は,「ベーシックきのこマイスター」（所定の講義の受講と修了試験による）,「きのこマイスター」（所定の講義の受講と修了試験による）及び「スペシャルきのこマイスター」（所定の必修科目講義の受講と修了試験の合格,講座で設定した目標を達成するための実現計画書を提出）の,三つのきのこマイスターの認定を実施している。

　グリーンマスターの認定　　一般社団法人日本インドア・グリーン協会は,グリーンマスターの認定を行っている。この認定制度は,インドア・グリーンとして有用な観葉植物を中心とした植物の名称,特性,栽培管理上の知識を客観的に評価・判断することのできる人材を育成することを目的とする制度である。グリーンマスター認定試験を実施して,得点のランクにより,90 点以上の 1 級から,30 点以上 50 点未満の 5 級までの級別に認定を行っている。

　遺品整理士の認定　　一般社団法人遺品整理士認定協会は,遺品整理業の社会的役割と事業者数の増大に伴う,モラルの低下を是正することを理念とし,業界の健全育成をはかるため,遺品整理士養成講座を運営するとともに,認定試験を実施することを目的として設立された団体である。同協会は,「遺品整理士」の資格認定により,遺品整理業に一定のガイドラインを定め,その中で各種関連法令を遵守する必要性の指導に努めることで,遺品整理業界の健全化を図ろうとしている。同協会の養成講座を教本,資料集及び DVD により受講してレポートを

---

24) 以上,https://www.sommelier.jp/exam/index.html による。

提出し，合格した者に認定証が授与される。ただし，一般廃棄物収集運搬業に当たる事業を行うには，許可を得ていなければならないし，引き取った遺品を販売する業を行うには，古物営業の許可を受けておかなければならない。

　考古調査士の資格認定　考古調査士資格認定機構は，埋蔵文化財業務に従事する者の義務と責任を明確にし，コンプライアンス意識を高揚させ，社会からも高い信頼と評価を受けることを目的に，考古調査士資格の認定を行っている。資格には，上級考古調査士，1級考古調査士及び2級考古調査士の3種類である。資格認定を受けるには，加盟大学が社会人及び現役の学生に対して埋蔵文化財に関する適切な大学教育を実施し単位を授与した者であることが必要である。加盟大学は，カリキュラムの認定を受けておかなければならない。資格取得者の多くが，各地の埋蔵文化財センターや教育委員会の職員となっている。

　社会調査士資格の認定　一般社団法人社会調査協会は，「社会調査士」及び「専門社会調査士」の資格を認定している。この一般社団法人は，日本社会学会，日本行動計量学会及び日本教育社会学会の3学会により設立された法人である。

　「社会調査士」の認定を受けるには，大学の学部課程において協会の「社会調査士標準カリキュラム」に準拠する科目群の履修により社会調査に関する基礎的な知識と技能の教育を受け，調査の企画から報告書の作成までの相応の応用力と分析力及び倫理観を身につけていなければならない。

　「専門社会調査士」は，多様な調査方法を用いた企画能力，実際の調査を運営管理する能力，高度な分析手法による研究論文や報告書の執筆など，高度な調査能力を身につけたプロの社会調査士である。この資格の認定を受ける方法には，二つの方法がある。一つは，大学院の修士課程において「専門社会調査士標準カリキュラム」に準拠する科目群を履修し，かつ，社会調査を用いた研究論文を執筆する方法である。この方法の場合は，参加を希望する大学の教育組織からの申請により科目認定がなされる。他の一つは，修士課程等を終えて既に教育，研究あるいは実務において専門的に社会調査に関わる実績を有する者が，研究論文執筆や教育歴あるいは社会調査歴など所定の条件を満たすことを示す申請書類を提出し，所定の審査を受ける方法である。

　星空案内人の認定　星空案内人の認定は，複数の実施団体が行う。制度の運営・維持をする組織として，「星空案内人資格認定運営機構」が設立されている。平成10年の山形大学と「小さな天文学者の会」との連携活動を起点として，平

成 24 年に機構となった。機構は，全国の星空案内人のネットワーク形成を図る
とともに，実施団体に教材を提供している。

　この制度は，「星空や宇宙について，科学的な理解，観察の技能，文化的背景
の理解およびそれらを人に伝える為の方法等星空案内の初歩的であるが総合的な
能力を認定し，以て，天文学や科学一般の普及活動・生涯教育活動・豊かな精神
生活を促進する活動に寄与することを目的とする」という（星空案内人資格認定運
営規則 1 条）。実施団体[25]が資格認定講座を開催し，講座を構成する各科目（必修
科目と選択科目）ごとに単位認定を行うこととされている（運営規則 7 条）。

　山岳ガイドの認定　　公益社団法人日本山岳ガイド協会は，複数の種類の山岳
ガイドの認定を行っている。国際山岳ガイド，山岳ガイド（ステージⅠ，Ⅱ），登
山ガイド（ステージⅠ～Ⅲ），自然ガイド（ステージⅠ，Ⅱ），スキーガイド，フ
リークライミングインストラクター，スポーツクライミングインストラクター，
インドアクライミングインストラクターの資格が用意されている。資格の取得に
至るまでの手続は，資格の種類により異なる。一次試験は，筆記試験に先立って
体力適性試験，実技適性試験が先行する資格もある。二次試験においては，実技
検定がなされる。

　無数の資格認定　　民間機関による資格認定は，数えきれないといってよい。
　一般社団法人ネイル実務認定機構は，ネイルテクニカルインストラクターの認
定を行っている。同インストラクターは，高度なネイルの知識・技術をもち，コ
ミュニケーション能力，対人関係構築力等のヒューマンスキルにも優れ，同機構
の事業目的や機構の考える知識・技術の確認，その考え方を理解し，機構の実施
する検定試験受験者に還元できる判断力を持ち合わせた者であるという。
　一般社団法人日本スパ協会は，3 段階のスパセラピストの技能認定を行ってい
る。「スパセラピスト　スタンダードⅠ」は，日本スパ協会認定校単位で実施さ
れる。「スパセラピスト　スタンダードⅡ」は，トリートメントサービスを主な
業務とするスパ施設，エステティックサロン，マッサージサロン，鍼灸院等で通
算 1 年以上，セラピストとしての実務経験を有する者についての検定である。ま
た，「スパセラピスト技能認定　プロフェッショナル」は，実務経験 3 年以上の

25）たとえば，岡山理科大学は，岡山天文博物館で博物館実習に参加する学生を対象に
　　星空案内人の講座を開講している。

者のみを対象とし，実技技能と経験値に重点を置いて認定される。

　一般社団法人日本病院寝具協会は，病院寝具管理士の認定を実施している。病院寝具管理士は，厚生労働省が定めた「病院寝具類の受託洗濯施設に関する衛生基準」の中の受託洗濯施設における施設，設備，寝具等の管理に関する自主管理体制を確立するために，同協会が独自に認定する資格である。受託洗濯施設の衛生管理について，「衛生法規」，「消毒の知識」，「洗濯方法」，「工場管理」等の知識と経験を有する者が認定される。同協会は，その養成のために病院寝具管理士認定講習会を開催している。

　秘書サービス接遇教育学会の技能認定委員会は，秘書技能保有者（秘書検定2級以上合格者）の社会的評価の向上を目指して「秘書実務士」の認定を行い，また，サービス接遇技能保有者（サービス接遇検定準1級以上合格者）の社会的評価の向上を目指して「サービス接遇実務士」の認定を行っている。

　一般社団法人指定管理者協会は，指定管理者制度で運営される公の施設の管理運営従事者が，その施設の維持管理を含め，安全安心，かつ適切なサービスの提供を実現するため，必要な知識や能力を認定する「公共施設マネジャー能力認定制度」を設けている。講習と演習により認定される。講習内容を見ると，指定管理者制度及び公の施設の管理運営に関する一般的事項が取り上げられるようである。ということは，多様な公の施設があるので，個別の公の施設の管理運営に従事するには，それに特化した知識や能力が必要となろう。

　無数の資格認定があることは，次の各団体の認定事業によってもわかる。

　一般財団法人生涯学習財団の「資格認定後援事業」は，生涯学習センターの設置及び運営，生涯学習に資する講習会・講演会・研究会の開催などの事業を行うことを目的としているが，生涯学習に関する国内外の団体等との連携協力・支援も目的としている。その一環として，企業，団体が独自に行う資格認定に関して，同財団は，第三者機関として，資格認定団体の登録に関する審査を行っているという[26]。ビジネス分野では認定職場環境カウンセラー，認定ワークショップデザイナー，認定観光地域づくりプロデューサーなど，ヘルスケア分野では食生活アドバイザーなど，カウンセリング＆セラピー分野ではメンタルケア心理士などがあり，とりわけ，文化・創造分野では無数の資格が列挙されている[27]。

---

[26] https://www.gllc.or.jp/profile/index.html

　同じく，日本デザインプランナー協会は，インテリアデザイナー，ホームページWEBデザイナー，フラワーアレンジメントデザイナー，盆栽士など，30に近い資格を掲げて認定試験を実施している。

　さらに，一般社団法人全国専門能力検定協会は，リフレクソロジスト，カイロプラクティック整体学，東洋整体療術師，アロマテラピスト，介護保険請求事務師，医療事務会計士，スポーツトレーナーの各資格の認定を行っている。

　また，日本安全食料料理協会（JSFCA＝Japan Safe Food Cooking Association）は，次のような多数の資格について試験を実施して，認定をしている。

　①飲み物の資格として，コーヒーソムリエ，カフェオーナー経営士，紅茶アドバイザー，紅茶マイスター，日本茶セレクター，②酒の資格として，ワインコンシェルジェ，カクテルソムリエ，焼酎ソムリエ，③健康食・食育の資格として，薬膳調整師，漢方コーディネーター，食育健康アドバイザー，幼児食マイスター，スーパーフードアドバイザー，発酵食品マイスター，酒粕・糀マイスター，④食文化の資格として，スパイス香辛料ソムリエ，ハーブインストラクター，食用オイルソムリエ，お肉ソムリエ，ぬか漬けソムリエ，はちみつソムリエ，美塩ソムリエ，出汁マイスター，ヨーグルトマイスター，スープマイスター，味噌エキスパート，チーズソムリエ，山菜ソムリエ，きのこソムリエ，シーフードソムリエ，梅マイスター，漬け料理ソムリエ，お米ソムリエ，⑤健康・ダイエット食の資格として，マクロビオティックマイスター，スムージーソムリエ，スポーツフードマイスター，オーガニック野菜アドバイザー，オーガニックフルーツソムリエ，⑥専門料理の資格として，和食ソムリエ，洋食ソムリエ，インド料理ソムリエ，中華料理ソムリエ，フレンチソムリエ，エスニック料理ソムリエ，イタリア料理ソムリエ，⑦菓子・スイーツ資格として，ベジスイーツマイスター，ドライフルーツマイスター，和菓子ソムリエ，製菓アドバイザー，手作りパンソムリエ，チョコレートマイスター，カップケーキソムリエ。

　さらに，日本生活環境支援協会は，手芸・工作の分野で手芸アドバイザーなど6資格，料理・美容食の分野で和菓子パティシエなど6資格，ペット・動物の分野でドッグトレーニングアドバイザーなど7資格，住まい・植物の資格で収納マイスターなど8資格，美容・健康の分野で5資格，趣味の分野でバラ鑑定士など

27）https://www.gllc.or.jp/profile/index.html

10 資格の認定試験を実施している。ちなみに，美容・健康分野の 6 資格は，姿勢コーディネーター，つぼトレーナー，ウォーキングアドバイザー，トレーニングサポーター，ダイエットアドバイザーである。日本安全食料料理協会の場合と同様に，資格のオンパレードである。しかも，多分野にわたっている。

　日本インストラクター技術協会も，無数の資格認定を行っているようであるが，その団体の実体は不明である。

　検定試験合格者との関係　検定試験合格者を「○○認定士」と呼ぶ場合がある。たとえば，一般社団法人日本保険サービス検定協会は，「保険サービス認定士検定試験」の合格者に「保険サービス認定士」の資格を授与している。

　「認定」の用語を用いることなく，検定試験合格者を「△△士」として登録するなどの場合も，実質的に本書において扱ってきた資格の認定と同じである場合が多いが，「認定」の場合には，試験合格以外の要素が織り込まれるのかもしれない[28]。

　たとえば，一般社団法人金融検定協会は，コンプライアンス・オフィサー，コンプライアンス・オフィサー補，個人情報取扱者については，主として企業内部の人事面で活用される資格で「検定試験」と称し，住宅ローンアドバイザー，事業再生アドバイザー，事業再生アドバイザーについては，顧客に対するプランの提供，アドバイス等に使用されるため第三者に資格を提示する必要があり，資格取得後の補修試験等とセットされた資格であるので，「認定試験」と称している[29]。

28）もっとも，一般社団法人日本損害保険協会が実施する「損害保険登録鑑定人」の認定試験のような場合は，「検定」との違いがないように見える。

29）一般社団法人金融財政事情研究会も，コンプライアンス・オフィサー，マイナンバー保護オフィサー，個人情報保護オフィサーなどの「検定試験」を実施している。そのほか，日本コンプライアンス・オフィサー協会は，金融コンプライアンス・オフィサー及び保険コンプライアンス・オフィサーの「認定試験」，銀行業務検定協会も，各種の「検定試験」による資格を設けている。これら二つの団体の試験の実施・運営団体は，㈱経済法令研究会である。資格の付与団体は，株式会社よりも，「□□協会」の名称がよいという考え方なのであろうか。

9　教育・研修関係の認定

　教育・研修関係の認定が，資格の認定に密接に関係していることは，すでに挙げた資格において，しばしば認定された教育を受けていることを申請要件にしている場合などに登場している。以下において，その延長上の認定を取り上げたい。

　日本技術者教育認定機構による技術者教育プログラムの認定　一般社団法人日本技術者教育認定機構（JABEE）は，学校教育法に基づく機関別認証評価とは別に，技術者教育プログラム認定を実施している。以下，同機構のウエブサイトに依拠して，概略を示そう。

　技術者教育プログラム認定は，自らの判断で認定を申請した教育機関が対象とされる。すなわち，この認定を受けるか否かは任意である。評価対象とされるのは，理工学，情報，農学の技術者教育が中心となる。具体的には，大学の理工系，農業系学士課程と一部の修士課程，一部の大学校および高等専門学校の本科4・5年と専攻科1・2年の4年間の課程（学士課程に相当）に属する学科，専攻あるいはその中のコースなどである。認定する単位は，（通常は学科に対応する）教育プログラムごとである。プログラムの専門分野ごとの要件も加えた基準で評価することとされている。

　機構の認定は，関連する技術分野の学協会が結成した公正・中立な審査団による第三者ピアレビューを基礎にしている。認定申請を受けて，審査団は自己点検書の審査，実地審査を実施し，その結果を審査報告書として取りまとめ，その報告書について，分野別審査委員会，認定・審査調整委員会によって調整審議され，最後に，認定会議により認定の可否が決定され，それを理事会が承認する方法が採用されている。申請されたプログラムに対して認定の可否が通知されるとともに，プログラム名が公表される。

　認定基準は，次のとおりである。

　　基準1：学習・教育到達目標の設定と公開

　　　1.1 自立した技術者像の設定と公開・周知

　　　1.2 学習・教育到達目標の設定と公開・周知

　　基準2：教育手段

　　　2.1 カリキュラム・ポリシーに基づく教育課程，科目の設計と開示

2.2 シラバスに基づく教育の実施と主体的な学習の促進

2.3 教員団，教育支援体制の整備と教育の実施

2.4 アドミッション・ポリシーとそれに基づく学生の受け入れ

2.5 教育環境及び学習支援環境の運用と開示

基準 3：学習・教育到達目標の達成

3.1 学習・教育到達目標の達成

3.2 知識・能力観点から見た修了生の到達度点検

基準 4：教育改善

4.1 内部質保証システムの構成・実施と開示

4.2 継続的な改善

そして，基準 1 における「学習・教育到達目標」はプログラム修了生が身につけているべき知識と能力及びその水準を規定したもので，以下の知識・能力観点(a)〜(i)の 9 項目をプログラムの目的に合わせて具体化したものである。それらの知識・能力観点は，技術者教育の国際的協定であるワシントン協定が示している 12 項目の知識・能力をもとに，我が国の教育の特質も加味して 9 項目にまとめたものであるという。

(a)　地球的視点から多面的に物事を考える能力とその素養

(b)　技術が社会や自然に及ぼす影響や効果，及び技術者の社会に対する貢献と責任に関する理解

(c)　数学，自然科学及び情報技術に関する知識とそれらを応用する能力

(d)　当該分野において必要とされる専門的知識とそれらを応用する能力

(e)　種々の科学，技術及び情報を活用して社会の要求を解決するためのデザイン能力

(f)　論理的な記述力，口頭発表力，討議等のコミュニケーション能力

(g)　自主的，継続的に学習する能力

(h)　与えられた制約の下で計画的に仕事を進め，まとめる能力

(i)　チームで仕事をするための能力

以上に掲げられている知識・能力を見て，大学教員として大学教育に携わってきた筆者には，極めて広く，かつ，高い知識・能力を求めているように見受けられる。このような水準の教育プログラムでないと世界水準に達しないという前提であるから，極めて厳しいものである。そのような受け止め方は，文化系教員の

甘えた姿勢による落差なのかもしれない。

　日本電信電話ユーザ協会による電話応対技能検定実施機関の認定　　公益財団法人日本電信電話ユーザ協会は，電話応対技能検定の実施機関について認定する制度を設けている。事業基盤が検定に相応しいこと，人的基盤が確立していること，を判断基準にして認定を行っている。実施機関は，日本電信電話ユーザ協会の支部のほか，多数の株式会社，さらには，歯科医院も認定されている。

　ディープラーニング協会による教育プログラムの認定　　一般社団法人ディープラーニング協会（JDLA）は，JDLA が実施するエンジニア資格（JDLA Deep Learning for ENGINEER）の受験資格を得るために修了が必要となる教育プログラムの認定を行っている。プログラム認定を目指す教育事業者からの申請に基づき，その教育プログラムが，JDLA が定める最新のシラバスの内容を網羅しているか等を審査し，認定している。受験するにはいずれかの認定プログラムを受講していて，受験日の「過去2年以内に講座を修了していること」が必要とされている。

　日本教育推進財団による認定　　一般財団法人日本教育推進財団は，優れた教育プログラムに対しての認定を行っている。

　特定非営利活動法人ヘルスコーチ・ジャパンのメンタルコーチング，ヘルスコーチングの各認定講座を修了し，ヘルスコーチ・ジャパン主催の認定試験Aランク合格者には，それぞれ，日本教育推進財団の認定メンタルコーチ，認定ヘルスコーチの資格が付与される。また，同財団は，日本コミュニケーション能力認定協会のコミュニケーション能力2級認定講座，同1級講座及びカリキュラムの監修を行っている。同協会のコミュニケーション・トレーナー育成コースを修了し，必要な課題への合格と登録により日本教育推進財団の認定コミュニケーション・トレーナーの資格が付与される（本書96頁を参照）。

　IRCA ジャパンの研修機関・コースの認定　　株式会社 IRCA ジャパンは，CQI｜IRCA トレーニングコースの認定と審査員/監査員の評価登録業務を実施している。IRCA 認定トレーニングコースを提供するためには，機関認定審査とトレーニングコース認定審査の二つのプロセスの審査がある。各審査は基本的に書類審査と立会い審査の二つのステージで構成されている。コースについては，複数のコースがある。IR 認定審査員/主任審査員トレーニングコースについてみると，各種のマネジメントシステム[30]の習得を目指すものである。コンバージョントレーニングコースは，すでにあるマネジメントシステムのコースで合格修了

した者が，複合/統合マネジメントシステムの運用組織において審査・監査を行うことなどを目指す者のためのコースである。このほかに，内部監査員コース，などがある。株式会社が研修機関及びトレーニングコースの認定審査を行っていることに注目しておきたい。

日本工学会の ECE プログラムの認定　公益社団法人日本工学会は，四つの目標と五つの要件を満たすプログラムを，ECE（Engineering Capacity Enhancement）プログラムとして認定している。

四つの目標とは，①プロフェッショナルとしての専門能力を向上させる，②多様性を受け入れ，異分野技術を取り入れる能力を向上させる，③グローバルな競争力の強化に寄与できる能力を向上させる，④グローバルな競争力の強化に寄与できる能力を向上させる，である。

また，5 要件は，次のとおりである。

① 専門領域分野だけでなく，多様性を受け入れ，異分野技術を取り入れる能力の向上を目指した内容を含んだプログラムであること。

② プロフェッショナルとしての専門能力の向上を目指すため，CPD（Continuing Professional Development）取得者やその雇用者のニーズに基づいて課題と到達目標が定められたプログラムであること。

③ プロフェッショナルとしての専門技術力を身につけるために，個別講義の寄せ集めではなく，十分な時間をかけ，まとまった期間を持つ総合的なコース制プログラムであること。

④ 将来の研究課題をリードできるようにするために，世界の最先端技術を取り入れたプログラムであること。

⑤ 自律的な関心を高め，自ら考え行動できる能力を身につけるために，社会人基礎力の向上を取り入れたプログラムであること。

そして，日本工学会 CPD 協議会 ECE プログラム委員会は，「日本工学会 ECE プログラムの開発と実施のガイドライン」（平成 26 年 4 月）を公表している。

GIS 教育の認定　GIS（Geographic Information Science ＝地理情報科学）分野の教育の認定が行われている。すなわち，一般社団法人地理情報システム学会 GIS

---

30) 品質，環境，労働安全衛生，情報セキュリティ，IT サービス，食品安全，事業継続，医薬品質などがある。

資格認定協会（GISCA）は，GIS 教育の認定を行っている。これは，大学の学部レベル以上で，教育内容が地理空間情報分野の知識体系の範囲に入っている教育を行っていることを認定するものである。この認定を受けることにより，受講者に対して，提供する教育プログラムが GIS 分野における様々な活動の技術水準を満たすことをアピールできるほか，認定教育プログラムを受講することにより，GIS 専門技術者認定を申請するためのポイントを獲得できるという。GIS 専門技術者認定は，学歴や講習会の受講等を含む「教育達成度」，実務経験に基づく「経験達成度」及び学会への参加等専門分野に対する「貢献達成度」の 3 つのカテゴリーの合計ポイントに基づき行わる。

日本安全食料料理協会の食に関する教育機関の認証　無数の食に関する資格の認定を行っている日本安全食料料理協会（本書 101 頁を参照）は，食に関する分野の教育機関を「JSFCA 認定校」として認証している。審査基準は，①教育，学術及び文化に関する事業，又は教育，学術及び文化と密接な関連がある事業であること，②飲食，調理，食品加工など，食に関する分野を教育することが可能であること，③教育機関として 1 年を超える実績があること，である。

スパ関連スクールの認定　一般社団法人日本スパ協会は，スパ関連スクールとして必要な施設・設備，学科・実技におけるカリキュラムの設定内容，指導に当たる講師陣などについて細かなガイドラインを設け，協会設定の基準を満たしていると判断されたスクールに対して認定を実施している。認定校として認可されたスクールでは，スパセラピスト技能認定（本書 38 頁及び 99 頁を参照）を行うことが出来るようになる。認定の要件は次のとおりである。

① 申請に係る該当校の開校若しくは該当校を経営する法人設立から原則として 1 年経過していること。
② 日本スパ協会の会員であること。
③ 理論と実技教育を最低 300 時間以上の履修，又は 6 か月以上のスクーリングコースが設置されていること。
④ 最低 1 名以上の日本スパ協会認定講師を配置していること。
⑤ 原則生徒 10 名に対して 1 名以上の講師を配置すること。
⑥ 履修専用のルームが二つ以上あること，トリートメント用のベッドが最低 3 台配置するなどの設備を整えていること。
⑦ 必修カリキュラム（多数の科目が掲げられている）

以上から，業界の水準向上を目指す姿勢が窺われる。

10　講師の認定

講師の認定制度も，多岐にわたっている。

日本プロフェッショナル講師協会による講師の認定　　日本プロフェッショナ
ル講師協会は，認定講師及び上級認定講師という 2 種類の講師の認定を実施して
いる。IBSTPI というアメリカの NPO が研究して作ったコンピテンシーを基にし
たアセスメントを使い，認定講師審査会による審査を経て認定する。

　認定講師は，事前提出物と模擬登壇から審査し，協会が定める一定以上のイン
ストラクタースキルを保持すると認められた場合に，認定される。

　上級認定講師は，事前提出物と模擬登壇，研修の登壇実績や専門性，またその
他の要素を多面的に考慮して認定する。上級認定講師には，協会会員向けのセミ
ナーやトレーニングにも講師として参画することが予定されているという。

　認定を受けた者が，協会の有料会員に登録されると，①名刺などに「日本プロ
フェッショナル講師協会™　認定講師」と入れることができる，②協会にやって
くる研修会社や企業からの研修講師募集案件のうち，会員のプロフィールや実績
に応じて打診が入る，などのメリットがあるという[31]。

　この協会の運営会社は，ガイアモーレ株式会社であるとされている。「協会」
の実態がいかなるものかは，必ずしも明らかではない。

ピアノ指導者等の認定　　公益社団法人日本ピアノ教育連盟は，ピアノ教師の
認定を行っている。初級者指導，中級者指導，上級者指導の 3 種類で，「演奏試
験」，「レポート試験」，「指導実践試験及び面接」の三つの科目全てに合格するこ
とにより認定される[32]。

　これとは別に，楽器メーカーもピアノ指導者のグレードの認定を行っている。

　ヤマハは，ヤマハ音楽能力検定制度（ヤマハグレード）を設けている。音楽を指
導する人や学ぶ人が総合的な音楽力を身につけ，創造的で豊かな音楽表現に取り
組むことを目的として制定された検定制度である。ピアノ初心者を対象とする

---

31)　以上，https://j-pia.net/certification による。

32)　令和 2 年度は，レポート試験のみで行われた。

13～11 級，ピアノ学習者のための 10～6 級，より高いピアノの演奏力と指導者を目指す人のための 5～2 級に分類されるほか，ピアノ指導者を目指す人のための「指導グレード」もある。

河合楽器は，カワイグレード認定制度を設けている。カワイ音楽教育システムの「グレードとレベル」に基づいて，「技術」と「表現」とをレベルごとに検定する制度である。「指導者を目指すためのグレード」は，演奏試験（6～2 級）と指導（筆記）試験（6～3 級）に分かれている。演奏試験は，4 級以上が上級グレードに指定されている。

日本スパ協会認定講師　　一般社団法人日本スパ協会は，スパ業界の技術の向上を目指して，指導者となる講師の認定制度を設けている。指導者として必要な知識及び技術スキルと，実際のスパ及びサロンでの実務経験が必要となるほか，指導者としての不可欠な豊かな人間性を求めるという。

認定申請資格は，次のとおりである。

① 次に該当する業種の店舗及び施設にて通算で 3 年以上の実務経験があること。
  ・トリートメントサービスを主な業務とするスパ施設
  ・エステティックサロン　・マッサージサロン　・鍼灸院
  ・按摩治療院　・理学療法士としての勤務
  ・その他協会の判断で認められた店舗及び施設
② 次に該当するスクールにて通算で 1 年以上講師としての経験があること。
  ・スパセラピスト育成スクール　・エステシャン育成スクール
  ・針灸按摩関連スクール　・理学療法士関連スクール
  ・看護学校等の医療関連スクール
  ・その他協会の判断で認められたスクール
③ 申請時の年齢が満 20 歳以上で講師として必要な心身状態が整っていること。
④ 国籍については制限を設けないが　通常のコミュニケーションが取れる日本語力を有すること。

申請講師の必要スキルについては，申請時に提出される諸書類を基に協会認定委員会が判断するものとし，講師として在籍をしたスクールからの推薦書も提出してもらう。

認定講師は，認定校で実施される「日本スパ協会セラピスト技能検定スタン

ダードⅠ」（本書99頁を参照）の試験官を務めることができるほか，派遣講師としての登録，協会主催の各種セミナーへの優先参加などの特権がある。

　　メンタルヘルス講師の認定　　一般社団法人日本メンタルヘルス講師認定協会は，メンタルヘルス講師の認定を行っている。協会認定メンタルヘルス講師は，企業で働く労働者に対し，メンタルヘルス不調を起こさせないための第一次予防である「メンタルヘルス研修」，及び自分自身のモチベーションの源泉に気付かせて仕事の価値観を創造していくことができる「モチベーションマネジメント講師」を行うという。メンタルヘルス講師には，「エキスパート　メンタルヘルス講師」，「モチベーションマネジメント講師」及び「マスター　メンタルヘルス講師」の3種類がある。

　「エキスパート　メンタルヘルス講師」は，所属する自社内にて，一般社員及び管理職層に対して質の高いメンタルヘルス研修を行える資格である。

　「モチベーションマネジメント講師」は，自社内講師として，質の高いモチベーションマネジメント研修を行える資格である。

　「マスター　メンタルヘルス講師」は，自社内及び協会に依頼のあった企業の外部講師として，質の高いメンタルヘルス研修，モチベーションマネジメント研修を行うことができるほか，エキスパートメンタル講師の養成，メディアからの取材対応，メディアへの執筆，書籍の出版などもできる水準が求められる。

　それぞれの資格は，所定の講座・研修の後に認定試験に合格することによって取得できる。

　　テーブルマナー認定講師　　一般ホテル・レストランサービス技能協会は，テーブルマナー認定講師の認定を実施している。各業界を代表するエキスパートを講師に招き，西洋料理・日本料理・中国料理のそれぞれの歴史や伝統，そして現代の変化する食事の儀礼としてのマナーの理解を深めるセミナーを受講し，講師認定試験に合格した場合に認定される。いずれかの認定講師試験に合格後，さらに研鑽を積んで所定のセミナー等を受講し試験に合格すると，上級クラスとしての「マスター」の称号を受けることができる。

　協会の個人会員であること，事前に行われるセミナーの受講修了者であること，満28歳以上であること，のほか，次のいずれかを満たすことが求められる。

　A．料飲サービスにおいて7年以上の経験があり，勤務する企業の代表者又は
　　責任者の推薦があること。

B．現在マナー講師として職務に就いていること。
C．大学・短期大学・専門学校ホテル学科に1年以上講師として従事していること。
D．過去にテーブルマナー講師（和・洋・中いずれでも可）の経験があること。

11　各種のグレード認定

　囲碁，将棋，武道，書道など，それぞれの団体が段位を設ける仕組みが広く採用されている。以下には，普段目にしないもののみを掲げておきたい。
　そば道の段位認定　　一般社団法人全麺協は，そば道の段位認定を行っている。そば打ちを職業としない者を対象に，「そば打ち技能の習熟度」，「そばの普及活動による地域振興の貢献度」，「そばに対する取組み姿勢や態度」，「そばに関する知識の習得度合」等を審査し，全麺協の定める基準に基づき「段位」を付与する段位認定である。初段から8段まである。
　ギターのグレード認定　　公益社団法人日本ギター連盟は，ギター演奏のグレード認定を行っている。グレード8〜7（ベーシッククラス　基本科），グレード6〜5（ビギナークラス　初等科），グレード4〜3（ミドルクラス　中等科），グレード2〜1（ハイクラス　高等科）のほか，ディプロマ（準専門家クラス）があり，ディプロマは，連盟正会員入会（プロ）資格を得るとされている。
　試験の内容は，グレード8〜4は，テープ録音による実技のみ，グレード3〜1はテープ録音による実技及び音楽一般に関する筆記試験である。ディプロマについては，複数の受験方法が用意されている。

第5章　その他の認定

1　環境関係の認定

　環境配慮型商品認定制度（エコマーク）　　公益財団法人日本環境協会は，生産から廃棄にわたるライフサイクル全体を通して環境への負荷が少なく環境保全に資する商品を認定して，その旨の環境ラベルを表示するエコマーク制度を運用している。この認定制度は，消費者が環境を意識した商品選択をし，関係の企業の環境改善努力を促すことにより，持続可能な社会の形成を図ることを目的としている。ライフサイクルとは，資源の採取，製造，流通，使用消費，リサイクル，廃棄の各段階を指している。ライフサイクルの一部（たとえばリサイクル）ではなく，ライフサイクル全体を通して環境への影響を総合的に判断している点に特色がある。

　グリーン・プリンティングの認定　　一般社団法人日本印刷産業連合会は，印刷産業界の環境自主基準（「印刷サービスグリーン基準」）を定めて，その基準を達成した工場・事業所を認定して，環境経営に積極的な印刷関連企業として推奨するとともに，その基準に適合した印刷製品にグリーン・プリンティングのマーク（GPマーク）を表示することにより，環境に配慮した印刷製品が広く普及する認定制度（グリーン・プリンティングの認定）を設けている。グリーン・プリンティングの認定には，①客観的な審査によって環境に配慮された印刷工場を認定する工場認定，②印刷工場が購入・使用する資機材を環境配慮基準に基づき認定する資機材認定，及び③認定工場が製造し用紙，インキ，製本・表面加工方法等が環境配慮基準を満たした印刷製品にGPマーク（環境マーク）を表示できる印刷製品認定，の3種がある。

　全国専門能力検定協会のSDGs認定機構によるSDGsの取組の認定　　便宜上，環境関係の認定の項目で取り上げるが，一般社団法人全国専門能力検定協会

の SDGs 認定機構は，企業等における SDGs の取組を認定する事業を行っている。SDGs 担当者（ファシリテーター）の設置，経営者及び担当者（ファシリテーター）及び SDGs コンサルタントによる事業計画の策定を経て，SDGs を企業等の事業に反映させることにより，計画の達成を図るというものである。協会の SDGs コンサルタントが協力する点に特色があるように見える。

　　全国鍍金工業組合連合会の環境整備優良事業所の認定　　全国鍍金工業組合連合会は，環境整備優良事業所の認定を行っている。所定の審査基準をクリアした事業所を環境整備優良事業所として認定するものである。

2　住宅関係の認定

　　環境共生住宅認定制度　　一般財団法人「建築環境・省エネルギー機構」は，環境共生住宅の認定を行っている。これは，地球環境の保全，周辺環境との親和性及び居住環境の健康・快適性の達成を基本要件とし，持続可能な社会の構築に役立つ住宅であるかどうかに着目して行う認定である。環境負荷項目（資源の消費，エネルギーの消費，大気・水・土壌への汚染物質の排出，廃棄物の排出，有害物質の利用，生態系の破壊，その他の環境負荷）について，ライフステージ（資源の採取，製造，流通，使用消費，廃棄，リユース・リサイクル）ごとに評価する方式である。システム供給型（住宅の設計仕様・供給体制がシステムとしてまとめられており建築地が特定されていないもの），個別供給型（プラン・仕様が特定された単体の住宅として特定された建築地に供給されるもの），団地供給型（複数棟の住宅から構成され，住宅のみならず屋外空間についても環境面での配慮・提案がなされているもの）の 3 種類の認定がある。環境共生住宅の建築・販売などを行う供給者又は所有者は，申請により認定を受けて，システム供給型及び個別供給型にあっては環境共生住宅，団地システム供給型にあっては環境共生団地の，各マークを表示することができる。建築・販売の事業者は広告宣伝にマークを用いることができる。

　　LCCM 住宅認定　　一般財団法人「建築環境・省エネルギー機構」は，LCCM 住宅の認定も行っている。LCCM 住宅とは，住宅の長い寿命の中で，建設時，運用時，廃棄時において，できるだけの省 CO_2 に取り組み，かつ，さらに太陽光発電などを利用した再生可能エネルギーの創出により，住宅建設時の CO_2 排出量も含め生涯での CO_2 の収支をマイナスにする住宅のことである。同機構は，建築環

2 住宅関係の認定

境総合性能評価システム CASBEE の評価・認証の枠組み等に基づき,「LCCM 住宅認定」を行っている。

対象建築物は,新築（竣工後 3 年以内）の一戸建て専用住宅である。建築主,設計者,施工者,販売者等が申請者となる。審査は,機構内に設置する認定委員会にて行う。

認定基準は,下記①②のいずれかを満たすものとされている。

① CASBEE の戸建評価認証制度に基づき認証された環境効率ランクが S または A であり,かつ,ライフサイクル CO_2 ランクが緑☆☆☆☆☆（5 つ星）である住宅

② 国が行うサステナブル建築物等先導事業（省 CO_2 先導型）LCCM 住宅部門において,補助金の交付を受けた住宅

現場施工型優良断熱施工システム認定　同機構は,さらに,現場施工型優良断熱施工システムの認定を行っている。一定の能力のある施工業者に正しい施工管理を普及させ,それを対外的に表示することで,吹付け・吹込み断熱材の信頼性を高めることを目的としている。

JIS を取得している吹付け・吹込み断熱材について,各断熱材メーカーからの申請に基づき,機構において以下の項目を審査し一定の水準に達したものを優良断熱施工システムとして認定する。

① 施工方法,管理方法等のマニュアルの内容及びその周知方法

② 断熱材メーカーと施工業者の責任分担及び協力体制

③ 施工業者における工事記録作成とその保管ルール

④ その他施工業者の管理方法等

認定された,断熱材及び断熱材メーカーが指定した指定施工業者について,機構のホームページで公表している。

日本住宅・木材技術センターによる認定　公益財団法人日本住宅・木材技術センターは,住宅関係の複数の認定を行っている。

第一は,木造住宅合理化システムの認定である。この認定制度は,木造軸組工法による合理的な生産・供給システムを認定することによって,木造住宅の供給を促進し,国民の居住水準の向上に寄与することを目的としている。基準性能タイプと長期性能タイプの 2 種類の認定がある。認定基準は,①生産・供給において合理化された提案があること,②性能が別途定めるものと同等以上であること,

115

③規模・平面・立面に選択性を有すること，④完成後の長期の維持管理補修サービス等ができること，とされている。

　第二は，木造住宅供給支援システムの認定である。この認定制度は，大工・工務店の近代化を促進し，安全で居住性に優れ信頼性の高い住宅の供給体制の整備に寄与することを目的としている。認定基準は，①大工・工務店を支援する木造住宅に係る情報提供の手法から，設計，資材調達，施工又は維持管理等に関するシステムが整備されていること，②大工・工務店を支援するシステムの供給体制が整備されていること，③大工・工務店を支援する条件が明示されていること，④支援内容が木造住宅の品質及び性能を向上させるものであること，⑤支援内容が木造住宅の生産性を向上させるものであること，とされている。

　第三は，木造建築物電算プログラムの認定である。この認定制度は，木造建築物の品質性能及び生産性の向上並びに消費者の安心・安全に寄与することを目的としている。認定基準は，①電算プログラムの適切さ（根拠図書との準拠性，論拠の明確性，プログラム処理の妥当性，誤用防止対策，出力表示の妥当性），②運用の適切さ（利用者の特定，マニュアル，メンテナンス，苦情処理）とされている。

　第四は，応用現場接着剤の認定である。この認定制度は，枠組壁工法に使用する床用現場接着剤に関し，品質，性能及び生産・供給体制に関する認定を行うもので，枠組壁工法住宅の構造上の安全性向上に資することを目的としている。中立的な立場にある学識経験者からなる委員会において審議を行い，認定している。

　第五は，針葉樹製材に用いる含水率計の認定である。この認定制度は，品質の安定した乾燥材の生産を促進するとともに，含水率計に関する技術開発の促進を促すことを目的としている。認定対象は，携帯型と設置型の2種類である。認定対象製品の品質・性能について，中立的な立場にある学識経験者からなる委員会において審議し，客観的な評価を行っている。

　以上のほか，木造建築物用接合金物について，承認・認定制度も実施している。

　住まい教育推進協会による認定　　一般社団法人住まい教育推進協会は，伝統的建造物・古民家関係の複数の資格を認定している。いずれも認定試験を実施する方法によっている。

　「伝統再築士」の認定制度は，次世代に引き継ぎたい文化的価値の高い伝統的な木造建築物を残すための専門の知識を有する者を育成することを目的とするものである。

116

　「古民家鑑定士」は，解体された古民家などの建物から産出される木材や瓦，その他の資材を建築分野において再活用するための専門的な知識を身につけ，持続可能な建築物の調査，再活用の提案を行うことのできる資格である。

　「古材鑑定士」は，長年住み続けた古民家に使用されている古材の価値を専門的立場から評価することのできる資格である。協会が講習を実施している。

　「古民家床下診断士」は，伝統的工法の床下を自走式床下点検ロボットなどを使い依頼者とパソコンの画面を見ながら点検し，できる限り薬剤に頼らない床下環境を維持管理する資格である。

　「新民家プランナー」の認定制度は，これから建築される木造住宅で50年後に「古民家と同じく長期間住まい続けることが可能な新築木造住宅」の認定制度である「新民家」の住宅づくりを目指す建築業界従事者を認定するものである。

　ベターリビングによる優良住宅部品の認定　　一般財団法人ベターリビングは，優良住宅部品の認定を行っている。同財団の「優良住宅部品認定規程」によれば，「住宅部品」とは，住宅を構成する躯体，内外装又は建築設備のユニット（住宅に附属するもの を含む）で，工場生産によるものをいう（2条1号）。

　ベターリビングによる長寿命住宅供給システムの認定　　一般財団法人ベターリビングは，長寿命住宅供給システムの認定も実施している。一定の要件を満たす住宅供給事業者の住宅供給システムを財団が長寿命住宅供給システムとして認定することにより，住宅供給事業者が一定の品質及び信頼性を有した長寿命住宅を供給し，維持保全等のアフターフォロー体制を構築してこれを持続させる環境を整備するものであるという。なお，長寿命住宅供給システムの認定を受けた住宅供給事業者が供給する住宅のうちで，一定の要件に適合する住宅を財団が長寿命住宅として登録するとともに，認定事業者及び登録した住宅の所有者が行う維持保全が適切に行われたことを定期的に確認することにより，長寿命住宅の品質及び信頼性が新築時に加え維持保全時にも担保される環境を整備することも行っている。このような財団は，国土交通省の政策の実現と密接な関係があると思われる。すなわち，国は，「長期優良住宅の普及の促進に関する法律」を制定して，長期優良住宅建築等計画の認定制度を導入している（5条）。これを支える一つが，ベターリビングの活動であるといえよう。

3　製品・機器，施設・事業所の認定

日本健康・栄養食品協会による健康食品の認定　公益財団法人日本健康・栄養食品協会は，健康食品の安全性を確保するために，規格基準を定めて，その基準に適合するものを認定健康食品（JHFA）のマークを表示することを認めている。同協会のウエブサイトは，「健康補助食品の安心・安全のマーク」であると謳っている。

冷凍食品・冷凍工場の認定制度　一般社団法人日本冷凍食品協会は，同協会の会員の製造工場に対する「冷凍食品認定制度」を設けている。同協会の「冷凍食品認定制度要綱」（令和 3 年 4 月施行）1 条 2 項は，冷凍食品認定のために，冷凍食品製造工場認定要領，冷凍食品製造工場認定基準，冷凍食品の品質基準，冷凍食品の表示基準及び表示様式（表示基準）並びに冷凍食品の衛生基準及び試験方法（衛生基準）等を定めるとしている。冷凍食品製造工場認定の基本要件は，①品質管理部門が独立していること，②工場内又は近隣に，工場が主体的に運用できる微生物検査室を設置していること，③所定の凍結要件を満たしていること，である。認定基準は，仕事の仕組みに係る基準，現場での実施・管理に係る基準及び施設設備・機械器具に係る基準から構成される（以上，冷凍食品製造工場認定基準による）。そして，冷凍食品製造工場において，前記認定基準を満たしているとともに，当該工場において生産される冷凍食品（製品）が品質基準，表示基準及び衛生基準（以上，製品基準）を満たしていると認定された工場を「冷凍食品製造認定工場」という（要綱 4 条）。ここにおいては，冷凍食品製造工場の認定と冷凍食品の認定とが，相互に依存しあう仕組みとなっている。

　運営団体は協会であるが，冷凍食品認定制度における認定に関する調査，検査，指導及び費用の徴収等は一般財団法人日本食品検査に委託するものとされている（要綱 3 条）。

発酵漬物の認定　全日本漬物協同組合連合会（＝全漬連）は，会員の製造又は加工し発酵させて製造した農産物漬物を「発酵漬物」として認定する発酵漬物認定制度を設けて，会員が製造し一定基準以上に達していると認めた製品に対し全漬連の定める認定証票を付すことを認めている。この認定制度は，健康への寄与，消費者の信頼性確保及び漬物産業の発展を図ることを目的としている。なお，

発酵漬物認定制度における認定に関する調査，定期検査，工場指導等は，一般社団法人全国漬物検査協会に委託している。

　日本エコレザー基準認定　　一般社団法人日本皮革産業連合会は，化学物質等を検査した優良な革に「日本エコレザー基準認定ラベル」（JES ラベル）を貼付することにより，消費者並びに事業者の相互の繁栄に寄与しようとしている。そのラベルを貼付するためには，「日本エコレザー基準」（JES）に適合しなければならないとして，「日本エコレザー基準認定実施ガイドライン」を定めている。

　エコレザーは，この「日本エコレザー基準（JES）」に適合し，「製品の製造・輸送・販売・再利用」までの一連のライフサイクルのなかで，環境負荷を減らすことに配慮し，環境面への影響が少ないと認められる革材料のことを指している。JES ラベルの認定対象は「皮膚断面繊維構造を損なわない革」に限られ，再利用においても革の機能を損なわないことが大前提とされている。

　日本エコレザー基準（JES）の主な認定要件は下記の 3 つであるという。

① 天然皮革であること。

② 排水，廃棄物処理が適正に管理された工場で製造された革であること。

③ 臭気，化学物質（ホルムアルデヒド・重金属・PCP・禁止アゾ染料・発がん性染料の使用制限）および染色摩擦堅ろう度に関する一定の基準を満たしていること。

　認定申請者は，革製造業者，革販売事業者，革製品製造業者及び革製品販売事業者である。革製造業者以外の者が申請する場合は，申請する革の製造業者を明らかにしなければならない。また，申請に当たって，発がん性染料不使用並びに革製造排水及び廃棄物の適正処理の遵守等の宣言書が必要とされる。企画・研究開発委員会の日本エコレザー審査分科会が書類審査を行い，その審査結果に基づいて日本皮革産業連合会が「日本エコレザー」と認定する。なお，認定を受けた事業者は，連合会と JES ラベル使用契約を締結して，初めてラベル表示を開始できる。

　国産家具表示基準の認定　　一般社団法人日本家具産業振興会は，国産家具表示基準の認定を行っている。ものづくりの一切（原材料を除く）が日本国内で行われていることの国産基準のほか，品質基準（家具の安定性や強度などの安全性をJIS などを参考とした試験などにより確認していること，地震の時の備え等を含め，安全面などの取扱上の注意事項を取扱説明書などに表示していること），室内環境基準（家具の

原材料となる合板，MDF，パーティクルボードや接着剤，塗料は国が定めたホルムアルデヒド放散量が最も少ないもの（F☆☆☆☆製品）を使用していること），木材基準（合法木材（違法伐採ではない木材）を使用し，地球環境の保全に努めていること），保護基準，モラル基準（知的財産権など他社の権利を侵害していないこと）がある。保護基準には，次のような消費者保護の基準が含まれている。

① 修理及びメンテナンスに応じていること。

② 認定事業者名や製品についての問合せ先を取扱説明書などに記載していること。

③ 法令，自社基準，業界指針等を順守し，消費者保護に努めていること。

④ 家具を使用して万が一の事故が起きたときに対応できるように，PL 保険（生産物賠償責任保険）に加入していること。

　以上の基準から，国産であることにとどまらず，国産家具と表示できる高い水準を求めていることがわかる。

　ヘルスケア認定寝具の認定　　一般社団法人日本寝具寝装品協会は，ヘルスケア認定寝具の認定を行っている。「ヘルスケア認定寝具」とは，一般健常者や在宅の要介護者が睡眠による健康保持，健康増進を図り，介護予防を通じた健康寿命の延伸に資するものであり，経済産業省ヘルスケア産業課「ヘルスケアサービスガイドライン等のあり方」（平成 31 年 4 月）に則して，表示する健康機能を証明する第三者検証機関での科学的根拠を有し，ヘルスケア認定寝具認定委員会が認定した寝具寝装品である。この認定制度は，一般健常者や在宅の要介護者がヘルスケア認定寝具のサービスを有効利用するために，仲介事業者（介護施設，ケアマネージャー，福祉用具ショップ，寝具小売店等）が，サービスの品質を正しく判断し，選択できる流通システムの構築を目的としている。ヘルスケア認定寝具認定基準の内容は，次のようになっている。

　認定の対象は，睡眠健康機能を有する「掛けふとん」，「敷きふとん」及び「まくら」である。審査項目は，睡眠健康機能，衛生機能，メンテナンス機能及び企業社会性の 4 項目で，それぞれに詳細な定めがある。

　「睡眠健康機能」に関しては，17 項目がある。毎日相当時間を睡眠に充てることを考えると，次のような 17 項目の重要性が実感できるであろう。

　眠りの質改善（安・快眠），リカバリー（疲労対応），スリープテック（IOT 活用の寝室環境を含めた睡眠サポートシステム），生体センシング，血流への作用，腰へ

の負担の減少，調温調湿，いびきの減少，体圧分散性，寝返り性，肩（首）負担
が減少，横向き寝が楽，寝姿勢保持，保温性（冷えの対処），アレルゲンの低減，
接触冷感，吸湿発熱。

　そして，重要なことは，これらの機能についてのエビデンス用データは，所定
の機関及び施設で試験されたデータであることを必須とし，自社試験及び自社調
査データは，参考データ扱いとされる点である。所定の機関とは，大学研究施設，
病院（病院内治験），公的及び第三者検査機関，素材企業（素材企業内試験室又は指
定する検査機関）及び学会系研究機関である。

　「衛生機能」については，制菌（特定），抗ウィルス，消臭，制菌（一般），防ダ
ニ，防カビ，抗菌（防臭）及び防蚊の8項目がある。「メンテナンス機能」につ
いては，丸洗い，防水，防汚，速乾，取扱い，防炎，再生，耐久性，フィット性，
吸水性及び制電性の11項目がある。「企業社会性」については，事業継続性及び
SDGs取組の2項目である。

　審査・認定は，協会の「ヘルスケア認定寝具策定委員会」が定める認定委員会
が行うこととされ，その認定委員は，策定委員会が推挙する各界有識者数名で構
成するものとされている。

　日本ホームヘルス協会の健康増進機器認定　　一般社団法人日本ホームヘルス
協会は，家庭向けの健康機器・美容機器等を認定する健康増進機器認定を行って
いる。家庭向け健康機器等の安全性や機能の妥当性を審査し，一定の水準に達し
ている機器等を健康増進機器として認定することにより，信頼と安心感によって
消費者が自身のニーズに合う機器等の確保に資することを目的としている。健康
増進機器の評価及び審査を行うため，協会に健康増進機器評価審査委員会が設置
されている。認定取得者は，協会が発行する認定マーク（ロゴマーク）を購入し，
認定された製品（認定製品）等に貼付することができる。

　日本防犯設備協会による優良防犯機器の認定　　公益社団法人日本防犯設備協
会は，優良防犯機器の認定を実施している。すなわち，優良な防犯機器の開発及
び普及促進を図るため，同協会が防犯機器に必要とされる機器と性能の基準を策
定し，その基準に適合した機器を「優良防犯機器」と認定するものである。防犯
機器の典型は，防犯カメラである。同協会は，資格審査基準と機器認定基準の2
基準の審査を行っている。資格審査は，申請機器の生産工場が正しい品質マネジ
メントで行われているか，販売体制やアフターサービス体制が整っているかなど

を審査するものであり，機器認定基準審査は，機能の審査である。

日本保安用品協会によるプロテクティブスニーカーの型式認定　公益社団法人日本保安用品協会は，プロテクティブスニーカーの型式認定を実施している。申請書に添付された公的機関による試験結果等から，プロテクティブスニーカー規格及び型式認定基準に適合するかどうかを判定し，合格した事業者に型式認定合格証を交付しているという。

高圧ガス保安協会による認定　高圧ガス保安協会は，法令に基づく認定を補完して，法令に基づく認定以外にも，複数の認定を行っている。

まず，液化石油ガスバルク供給用附属機器型式認定を行っている。消費型蒸発器の型式認定であって，液化石油ガス移動式製造設備等から液化石油ガスの供給を受けるバルク供用用の貯槽及び液化石油ガスの容器に接続するものを対象にしている。認定は，マニュアルに従って，型式認定試験（設計審査，材料検査，肉厚検査，耐圧性能，気密性能，構造試験等）及び事業所審査（設計監理，購買及び外注，工程管理，試験検査等）が所定の要件を満たしていることの確認を，書類審査及び事業所審査により行い，委員会が評価をして，認定の可否を決定している。

次に，SFE 及び SFC の認定を行っている。平成 28 年施行の高圧ガス保安法施行令等の改正により，従来，法の規制を受けていた超臨界流体抽出装置（SFE）又は超臨界流体クロマトグラフィーシステム（SFC）は，所定要件を満たす場合は適用除外とされたことに対応して，高圧ガス保安協会と一般社団法人日本分析機器工業会は，共同で，適用除外とされた SFE 及び SFC の使用者の保安を確保するために自主基準を制定し，これを受けて，保安協会が SFE 及び SFC の認定を実施している。装置のシステム又はカラムの型式について基準に適合しているか否かを審査し，適合しているものを認定している。

さらに，小型高圧ガス容器の認定を行っている。高圧ガス保安法の適用除外となる内容量 100cc 以下の金属製容器（小型高圧ガス容器）を製造する工場及び小型高圧ガス容器に充填するガスの種類，容器の破裂圧力に応じた型式ごとの認定である。この認定を受けた小型高圧ガス容器は，航空法に基づく告示（「航空機による爆発物等の輸送基準等を定める告示」）及び通達で規定する「国土交通大臣が適当と認める検査」に合格したものとして，航空機による輸送が可能となるという。認定は，規程に従い，工場の審査（工場組織，品質管理体制，製造設備及びその管理，不良品の処理）及び小型高圧ガス容器の型式認定のための検査（設計審査，耐圧試

験，安全作動封板の作動試験，気密試験，破裂試験等）により行う。

間伐材マークの認定　全国森林組合連合会は，間伐材マークの認定を実施している。間伐や間伐材利用の重要性等を PR し，間伐材を用いた製品を表示する間伐材マークの適切な使用を通じて，間伐推進の普及啓発及び間伐材の利用促進と消費者の製品選択に資することを目的としている。間伐材マークの付された製品及びそれを製造している企業が森林整備・育成に貢献していることを一般消費者に認知してもらえるというメリットがある。

下水道事業に係る認定工場制度　公益社団法人日本下水道協会は，地方公共団体や工事請負業者が安心して下水道用の資器材を使用できるように，安心して使用できる資器材の検査をして工場を認定することとしている。下水道用資器材の指定・登録を前提にして，製造者が製造工場の認定申請をして，書類審査と製造設備の管理状況調査，検査設備の管理状況調査，品質管理状況調査，製品の品質等確認を行い，委員会において調査審議のうえ認定している。その後，認定継続の可否を判定するために工場調査が実施される。

RRC 認定冷媒回収事業所の認定　一般財団法人日本冷媒・環境保全機構の冷媒回収促進・技術センター（RRC）は，RRC 認定冷媒回収事業所の認定を行っている。RRC 登録冷媒技術者又は冷媒フロン類取扱技術者（第一種・第二種）を1名以上常備していること，冷媒回収装置を所有又はレンタルする態勢が整っていることが認定要件とされている。

JSIA 優良工場認定制度　一般社団法人日本配電制御システム工業会（JSIA）は，JSIA 優良工場認定制度を設けている。

審査基準には，品質保証体制及び技術力が含まれ，技術力に関しては，国際規格及び国内規格に基づく製品設計ができ，法規・公的規格等の改定時に新しく要求される事項を完全に理解し実行していることが審査される。製造技術力，生産管理能力，検査技術力を併せて審査し，高圧盤製造工場には，1級配電盤・制御盤の製図技能士と組立て技能士，1級配電制御システム検査士の在籍を義務付けている。

優良ネットショップ認定制度　一般財団法人ネットショップ能力認定機構は，優良ショップ認定制度を有している。ネットショップ検定に合格した「ネットショップ実務士」が運営に携わるネットショップを，幅広い知識とスキルが求められる運営スタッフの能力向上と教育を重視する優良ショップとして認定するも

のである。認定のレベルは，運営スタッフの数に応じて，ネットショップ検定レベル1の認定を受けた者の数の要件を満たすネットショップ（1スター），同じくネットショップ検定レベル2の認定を受けた者の数の要件を満たすネットショップ（2スター），ネットショップ検定レベル3の認定を受けた者の数の要件を満たすネットショップ（3スター）に分かれる。

スポーツ施設の安全安心優良施設認定　　公益財団法人日本体育施設協会は，AED（自動体外式除細動器）の設置や有資格者の配置，危機管理マニュアルの常備等，利用者が安心してスポーツを楽しむための基準を満たした施設を「安全安心優良施設」として認定している。

福祉防災コミュニティ協会の「安全安心魅力施設」の認定　　一般社団法人福祉防災コミュニティ協会は，福祉施設のうち，研修を受けて防災・事業継続計画を作成し，訓練，見直しなどの良好なマネジメントができているものを「安全安心魅力施設」として認定している。なお，同協会は，「福祉防災上級コーチ」の認定も行っている。

FIA加盟企業施設認定制度　　一般社団法人日本フィットネス産業協会（FIA）は，「FIA加盟企業施設認定制度」を設けている。この制度は，フィットネス施設の「質のばらつき」が目立つことが懸念されることから，加盟事業者の営む施設の安心と安全性を認証するために設けた制度であるという。必須の基準は，①加盟事業者の運営する施設は，利用者の安全を図り健全に運営がなされているか，②運営企業は社会的コンプライアンスを遵守し信頼できる事業体であるか，である。認定の対象となる施設は，公共施設を除く，民間企業が運営する健康の保持増進や競技力向上を目的とした運動（エクササイズ）の継続的な指導管理を実践する施設を認定の対象としている。詳細な認定基準と解説が公表されている[1]。

日本陸上競技連盟による認定　　公益財団法人日本陸上競技連盟は，公認陸上競技場，公認長距離走路・競歩路，公認陸上競技施設などの認定を行っている。

雇用環境整備/適正事業者の認定　　一般社団法人日本雇用環境整備機構は，育児・障害・エイジレスを雇用するために適正な職場環境が整備されているかどうかを審査し，機構の定める水準・基準を満たした事業所を適正事業者として認

1）一般社団法人日本フィットネス産業協会「FIA加盟企業施設認定制度　認定基準と遵守事項解説」（2020年1月28日）。

定・登録している^{2）}。登録された事業者には，「適正事業者認定マーク」が配布される。同時に，認定を受けた事業者について，雇用環境整備への取組状況，行動指針及び行動計画，認定事業者の公開したい雇用環境整備に関する事項などが広く公開される^{3）}。第Ⅰ種認定（育児者雇用），第Ⅱ種認定（障害者雇用），第Ⅲ種認定（エイジレス雇用）の3種の認定がある。いずれも，機構の認定を受けた対応種目ごとの雇用環境整備士（本書94頁を参照）の配置が必須である。

　HEQE認定　　公益社団法人障害者雇用資格認定機構は，HEQE（Handicapped Employment Qualifies Education）認定を実施している。障害者（軽度を含む）を雇用する企業や組織のスタンス，及び価値を高めるための認定であって，機構のガイドラインに基づき，一定の基準が満たされた企業や事業所に対して発行される。

　認定補聴器専門店の認定　　公益財団法人テクノエイド協会は，認定補聴器専門店の認定制度を設けている。補聴器販売店の補聴器販売事業が，補聴器の適正な販売を行うために遵守すべきものとして定められている「認定補聴器専門店業務運営基準」に適合している場合に，認定される（本書36〜37頁を参照）。

　日本栄養士会の栄養ケア・ステーションの認定　　公益社団法人日本栄養士会は，平成30年度から栄養ケア・ステーションの認定を行っている。日本栄養士会の認定規則によれば，「栄養ケア・ステーション事業は，栄養ケア・ステーションを管理栄養士・栄養士の行う栄養ケア業務の地域拠点とすることによって，管理栄養士・栄養士と地域住民の双方向の結びつきを強化し，あまねく地域住民が管理栄養士・栄養士による栄養ケアの支援と指導を受けて生涯にわたる実り豊かで健やかな生活を維持することのできる地域社会づくりを目ざそうとするもの」であり，認定を受けた認定栄養ケア・ステーションと公益社団法人日本栄養士会及び各都道府県栄養士会の設置運営にかかる栄養ケア・ステーションを有機的に連携させることによって，きめ細かく伸びやかな栄養ケアのネットワークを築き，もって栄養ケア・ステーション事業の目指す，という（2条）。認定の実施機関としての日本栄養士会に認定委員会を置き，さらに同委員会に認定審査会

2）障害者雇用に関しては，「障害者の雇用の促進等に関する法律」77条による厚生労働大臣の認定のほか，新潟市の「新潟市障害者企業認定」（愛称は「みつばち企業認定」）のような地方公共団体による認定制度もある。
3）公開は事前に認定者の確認及び了承を得たうえでなされること，その後に発生した問題事項について機構は責任を負わないとされている（認定制度要綱）。

を置くこととしている（4条〜6条）。認定の要件は，次のとおりである（8条1項）。

(1)　事業所は，その主たる業務を別に定める栄養ケアの業務（「指定業務」）[4]とし，同業務を適正に実施できる体制を備えていること。

(2)　事業所は，地理的又は施設・設備的に地域住民からのアクセスが容易で，地域住民に第1号の業務を行ううえで適切な環境を確保できること。

(3)　事業者において事業所の業務を持続的かつ適正に実施できる経済的裏付けがあること。

(4)　事業所に，業務に従事する管理栄養士を1名以上，専任で配置すること。また，専任で業務に従事する管理栄養士を責任者とすること。

(5)　責任者は，指定業務のうち事業所が現に行おうとする業務について，1年以上の実務の経験があること。

(6)　責任者及び従事者は，事業所を設置する都道府県の栄養士会の栄養ケア・ステーションの登録者であること。

認定を受けた事業者は，次のような義務を負う（25条）。

(1)　毎年1回，日本栄養士会又は事業所を設置した都道府県栄養士会の開催する栄養ケア・ステーション事業に関する講習会に参加すること。

(2)　責任者及び従事者の栄養ケアに関する業務の遂行能力の継続的な維持・向上を図るために必要な措置を講じること。

(3)　毎年1回，責任者に，日本栄養士会又は事業所を設置した都道府県栄養士会が指定する責任者研修会を受講させること。

(4)　毎年1回，事業所の事業実績等を，事業所を設置した都道府県栄養士会を通じて日本栄養士会会長へ報告すること。

栄養士会が，ケア・ステーションを公表・周知することによって，地域住民，

4）指定業務は，(1)栄養相談（7号，8号，9号を除く），(2)特定保健指導，(3)セミナー，研修会への講師派遣，(4)健康・栄養関連の情報，専門的知見に基づく成果物（献立等）等の提供，(5)スポーツ栄養に関する指導・相談，(6)料理教室，栄養教室の企画・運営，(7)診療報酬・介護報酬にかかる栄養食事指導とこれに関連する業務，(8)上記以外の病院・診療所などの医療機関と連携した栄養食事指導，(9)訪問栄養食事指導，(10)食品・栄養成分表示に関する指導・相談，(11)地域包括ケアシステムにかかる事業関連業務，である（規則施行細則4条）。

医療関係者, 介護関係者等が, 管理栄養士・栄養士の指導と支援を受けられるようになる。民間団体によるネットワークのシステムを構築しようとしている点が注目される。

日本公園施設業協会の企業認定制度 一般社団法人日本公園施設業協会は, 二つの企業認定制度を設けている。

一つは, 「SP 表示認定企業」の認定制度である。専門技術者が適切に配置され, 「遊具の安全に関する規準」及び「一般公園施設の安全と品質に関する規準」に基づき, 設計, 製造, 販売, 施工, 点検, 修繕ができ, ISO9001 ベースに協会が独自に作成した品質マネジメントシステムが構築できている会員企業を認定するものである。SP 表示認定企業は, 製造, 販売する遊具に SP マークを付した「SP 製造表示ラベル」を, 点検し安全が確認された遊具に「SP 点検済みシール」を, 貼付することができる。

もう一つは, 「SPL 表示認定企業」の認定である。専門技術者が適切に配置され, 「遊具の安全に関する規準」及び「一般公園施設の安全と品質に関する規準」に基づき, 設計, 製造, 販売, 施工, 点検, 修繕ができる会員企業を認定するものである。SPL 表示認定企業は, 製造, 販売する一般公園施設に「SPL マーク」を付した「SPL 製造表示ラベル」を貼付することができる。

なお, 同協会は, 公園施設の計画・設計・製造・施工・点検・修繕に係る専門技術者資格である「公園施設製品安全管理士」及び「公園施設製品整備技師」, 点検部分のみを公開する専門技術者資格としての「公園施設点検管理士」及び「公園施設点検技士」の認定制度も設けている。

葬儀社の認定 一般社団法人国民葬祭は, 推奨葬儀社の認定を行っている。認定の要件は, ①東京都内の葬儀社で, 都内全域の市民に同じようなサービスができ, フォロー体制がとれていること, ②都内各地に提携葬祭場があること, ③24 時間体制で専門スタッフが待機していること, である。

また, 一般社団法人日本儀礼文化調査協会は, 葬儀社の格付認定事業を実施している。契約の明瞭性, サービス提供能力, 評判・風評, 規模・業績・施設, 個人情報保護対策により, 「1つ星」から「5つ星」までの格付認定を行っている。格付けは, 外部委員により構成される評価格付認定委員会の審査に基いてなされる。

日本データ通信協会のタイムビジネス認定制度 一般財団法人日本データ通

信協会の「タイムビジネス認定制度」は，時刻認証[5]と時刻配信サービス[6]の総称をいうタイムビジネスは，デジタル社会を実現する上で，安全性，信頼性を確保するためのインフラとなるサービスであることに鑑み，総務省が平成16年11月に策定した「タイムビジネスに関わる指針」をふまえ，時刻配信および時刻認証の業務について，日本データ通信協会が定めた技術，運用，設備等の審査基準を満たし厳正に業務が実施されているか否かの適合性を評価することにより認定する制度である。利用者がタイムスタンプサービスを安心して利用できる環境を実現し，IT社会基盤へ貢献することを目的としている。総務省から，認定制度全体の枠組みについて指導・支援を受けているという[7]。

4　その他の認定

　日本記念日協会による記念日の認定・登録　　一般社団法人日本記念日協会は，企業，団体，個人などによってすでに制定されている記念日，新しく制定をした記念日について，認定と登録を行っている。これにより，その記念日の正確な日付，由来，活動内容などを把握し，販売促進，広報活動を支援しているという。協会は，認定登録された記念日を，協会のホームページにおける公開，日本記念日協会の機関紙「月刊・記念日情報」への掲載，各メディアからの取材対応など，さまざまな形でPRしている。

　「ふね遺産」の認定　　公益社団法人日本船舶海洋工学会は，「ふね遺産」の認定を行っている。この認定事業は，史的価値のある「ふね」関連遺産を「ふね遺産」として認定し，社会に周知し，文化的遺産として次世代に伝える事業である。「ふね遺産」を通じて，「国民の「ふね」についての関心・誇り・憧憬を醸成し，歴史的・文化的価値のあるものを大切に保存しようとする国民及び政府・地方自治体の気運を高め，我が国における今後の船舶海洋技術の幅広い裾野を形成すること」を目的としているという。認定は，学会の理事会から委嘱された「ふね遺

5）サーバー群を用いたサービスを提供している企業など，高精度で高信頼の時刻を必要としている企業に信頼できる時刻情報を配信するサービスである。

6）インターネット上の取引や手続き等が行われた時刻や電子文書の存在した日時を証明するサービスである。

7）以上，日本データ通信協会のウエブサイトによる。

産認定実行委員会」が運営する。

　認定の対象は，現存する物件で，①人や物資を輸送する船舶のみならず，作業船，艦艇，実験船，調査船，海洋構造物などを含む浮体構造物全般，②それらの設計，製造，運用，教育に関連した設備，工具，施設など，③同じく技術資料，規則，標準，文書など，④後世に伝承すべき重要な技術や歴史を示すもの，である。

　船舶海洋技術の発展に大いに寄与し，又は，我が国の社会・文化・経済・生活・教育に大きく貢献したもので，以下の具体的要件のいずれかに相当するものを認定する。

　船舶海洋技術の発展に対して；①独創的または新規の技術を与えたもの，②大きな性能上の改善を与えたもの，③設計上の大きな進歩を与えたもの，④技術の進歩・改良の大きな一段階となったもの，⑤精緻に復元され学術的価値の高いもの，⑥その他特筆に値し，消滅の恐れがあるもの。

　社会・文化・経済・生活・教育に対して；⑦ふね関連技術と社会・文化の関係上重要な，初めて，又は最古のもの，⑧新たな経済・産業分野の創造に寄与したもの，⑨生活や利便性の向上に顕著に貢献したもの，⑩特筆に値する新たな形や方式を与えたもの，⑪ふね関連技術の教育上，大きな貢献をしたもの，⑫歴史的に重要で，現在も活用中，又は動態保存か初期状態を留めるもの，⑬その他特筆に値し，消滅の恐れがあるもの。

　「機械遺産」の認定　　一般社団法人日本機械学会は，歴史に残る機械技術関連遺産を大切に保存し，文化的遺産として次世代に伝えることを目的に，主として機械技術に関わる歴史的遺産「機械遺産」として認定している。機械遺産とは，機械技術の歴史を示す具体的な事物・資料であって，①機械技術の「発展史上」重要な成果を示すもの（工学的視点から）又は②機械技術で「国民生活，文化，経済，社会，技術教育」に対して貢献したもの，のいずれかに該当するものである。

　認定基準は，次の各項目のいずれかに該当するもので，広く機械技術・機械工学に寄与したものとされる。

① 対象物が，その独自性（例えば，はじめて開発されたもの，最初のもの，現在最古のもの，以前に広く使われた機械で使用されている最後のもの）によって区別されるもの。

② その他，機械技術史上の特徴を保有しているもの。

③ 既に博物館などで記念物として認定されたものも含む。

　認定対象は，原則として，①歴史的景観を構成する機械遺産，②機械を含む象徴的な建造物・構造物，③保存・収集された機械，④歴史的意義のある機械関連文書類，のいずれかである。

終　章　若干のまとめ

　以上述べてきたように，民間団体による認定制度が急激に増加している。それらは，様々な経緯をもっている。

1　行政機関との関係

　行政の強い指導の場合　　民間団体による認定には，行政の強い主導によるものも見られる[1]。

　資格制度について見ると，業務の質への信頼を確保するために，関係の省庁の指導の下に始まったものも少なくない。また，自らの資格を世の中に認知してもらいたいという関係者の意気込みによるものも多い。この両者の結合している趣旨によるものも多い。他方，一定の資格を持つものに限り業務を認めることが望ましいと考えられる場合に，国の規制に先立って資格認定を制度化している場合もある[2]。このような傾向を民間による自主的な管理として歓迎すべきか，あるいは行政機関の怠慢を非難すべきか，様々な議論があろう。

　民間団体による認定を行政上優遇する場合　　民間団体から認定を受けた者を

---

1)「認証」の文言であるが，福祉サービスの第三者評価事業が国の指針に基づいて推奨され，都道府県の推進組織が第三者評価機関の認証を行っている。神奈川県の場合は，社会福祉法人神奈川県社会福祉協議会の「かながわ福祉サービス第三者評価推進機構」が認証を行っている。なお，神奈川県社会福祉協議会評価機関かながわ，横浜市社会福祉協議会横浜生活あんしんセンター，川崎市社会福祉協議会は，第三者評価事業を廃止した。他の第三者評価機関が育ったことによるものであろう。なお，長野県や新潟県のように，要綱に基づいて，県自体が認証を行っているところもある。

2)遺品整理士認定協会は，遺品整理業に関する法整備がほとんど整っていないこともあって，不要品を不法投棄するとか，不当に高額な料金を請求するような業者も少なからず存在する実情に鑑みて設立され，遺品整理士養成講座を運営するとともに，認定試験を実施している（本書97頁参照）。

行政上有利に扱う場合がある。

　優良事業所の認定について見ると，全日本トラック協会の貨物自動車運送事業安全性評価事業により，安全性優良事業所[3]と認定された事業者に対して，国土交通省は，次のようなインセンティブを付与している。

- ・違反点数の消去：違反点数付与後2年間違反点数がない場合は，違反点数の消去を行う（通常は，3年のところを短縮）。
- ・IT点呼の導入：対面点呼に代えて，国土交通大臣が定める設置型又は携帯型のカメラを有する機器による営業所間等での点呼が可能となる。
- ・点呼の優遇：2地点間を定時に運行する形態の場合の他営業所における点呼，同一敷地内に所在するグループ企業間における点呼が認められる。
- ・補助条件の緩和：CNGトラック等に対する補助について，最低台数要件が3台から1台に緩和される。
- ・基準緩和自動車の有効期間の延長：基準緩和自動車が適切に運行されている場合，緩和の継続認定において，有効期限が2年から最長4年に延長される。
- ・特殊車両通行許可の有効期間の延長：特殊車両の通行許可について，一定の要件を満たす優良事業所の車両の場合，許可の有効期間が最長4年間まで延長される（通常は最長2年間）。

　公共入札との関係　　民間団体により認定された資格を有することが，公共入札において重視されることも少なくない。

　たとえば，公益財団法人日本測量調査技術協会は，地理情報標準認定資格制度を設けて，地理情報標準の知識・技能が一定水準以上であることを認定している。国土地理院は，平成26年に，請負測量業務の競争入札に当たり，前記協会の地理情報標準認定資格（上級，中級，初級）に対応した入札参加資格の等級区分を設けた。

　建設業労働災害防止協会が実施する，建設事業者の労働安全衛生マネジメントシステムに関するコスモス認定についても，競争参加資格の認定において評価する動きがある。

　専門工業団体の資格認定を受けた者を「登録基幹技能者」とする仕組みは，平成8年に民間の自主的な資格認定としてスタートしたが，平成20年1月の建設

3）本書19頁を参照。

業法施行規則改正のよって，法制上の制度となったものである。国土交通大臣の登録した機関が実施する登録基幹技能者講習の修了者は，登録基幹技能者として認定され，経営事項審査の評価にも組み込まれることになった。さらに，総合評価落札方式を採用する入札において，登録基幹技能者を配置する場合に，評価点に加算する動きも広がっている。

　補助金交付対象との関係　　民間団体による認定を受けていることが補助金交付要件と関係する場合がある。その典型は，住宅に関する補助金の交付に当たり，一般財団法人ベターリビングによる優良住宅部品の認定を受けていることを要件とするものが多い。

　たとえば，深谷市の令和2年度住宅用省エネ設備設置補助金のうち，太陽熱利用システムについては，自然循環型及び強制循環型ともに，ベターリビングの優良住宅部品の認定を受けていることを要件としている。また，埼玉県の令和2年度住宅用省エネ設備導入支援事業の太陽熱利用システムの補助対象機器については，ベターリビングの優良住宅部品の認定を受けていることを要件としている。宇都宮市の令和2年度住宅改修補助としての太陽熱温水器設置工事については，ベターリビングの優良住宅部品認定を受けた太陽熱利用システムまたは同等品の設置が望ましいとされている。

　地方公共団体職員への奨励　　民間団体による資格認定が，地方公共団体等の職員に奨励される場合がある。たとえば，すでに述べた鳥獣管理技術協会の鳥獣管理士（本書92頁参照）は，各地で問題となっている鳥獣による農作物被害，生活上の危険などに対する対策を講じようとする地方公共団体にとっては貴重な人材となる。

2　認定の質の保証

　専門医認定の場合の質の保証の確認　　数ある民間団体の認定制度のなかでも，本書第3章において紹介したように，医学系の学会による専門医認定制度の中には，何重にも質の保証がなされている場合がある。新型コロナウイルス感染症で注目されている感染症専門医を例に，再度確認しておきたい。感染症専門医については，一般社団法人日本感染症学会が，「専門医制度規則」により，次のような認定の仕組みを採用している。

まず，専門医の認定を申請できる者の要件は，次のとおりである（9条）。

1．基本領域学会専門医（認定医）に認定されている者。

　＊基本領域学会は，名称を明記されている日本内科学会以下の17学会のほか，一般社団法人日本専門医制評価・認定機構の決定した基本領域学会のうち，感染症学会と専門医制度（二階建制）に関する合意を交わした学会を加えることとされている（附則3項）。

2．感染症の臨床修練を積んでいること。

　1）基本領域学会の研修年限を含めて感染症学の研修を6年以上行っている者。

　2）上記6年の内，3年間は感染症学会員として学会が指定した研修施設（その要件も定められている）で，別に定めるカリキュラムに基づいて研修を行っていることを原則とする（ただし，研修終了後申請までは継続して会員であること）。受験申し込み時に提出する診療に関する記録として，(1)研修施設において，研修期間に診療に携わった感染症患者30症例（感染症法に記載された疾患を含むことが望ましく，症例は疾患に偏りがないように配慮すること）の一覧表，(2)前記30症例中15症例の病歴要約（症例の感染症の評価，病原診断の根拠，治療法，治療薬の選択の根拠を明らかにすること），が求められる（施行細則1）。

3．感染の臨床に関して，筆頭者としての論文発表1篇，学会発表2篇，計3篇あること。筆頭者としての論文掲載は，学会誌またはレフリー制度の整った学術誌に掲載されたものであること。

　学会発表は，原則として日本医学会総会または日本医学会加盟の分科会（地方会を含む）で発表したものであること。

4．審議会が施行する専門医のための認定試験に合格すること。

　認定制度を支える機関として，感染症専門医制度審議委員会（審議会）が設けられている。審議会は専門医試験結果，研修内容，診療症例などを総合的に評価し，認定試験の合否を理事会に報告する役割を担っている。

以上を見ると，基本領域学会の認定専門医であることを前提とする二階建制，感染症の病床修練のほか，論文掲載の実績について一定の水準のものであることを求めている。筆者の属する法律学の分野においては，残念ながらレフリー制度が確立されていないために水準の判断を客観的に行えないのであるが，医学分野は可能であることが，このような認定制度を支えているといえよう。

　なお，5年ごとの更新制度が採用されている。所定の条件を満たしている場合，専門医資格の更新を申請することができる（施行細則4）。その中には，認定を受けてから5年間，感染症診療や学術活動に貢献するとともに，審議会が指定した教育企画に参加し，所定単位を総合して50単位（うち15単位は感染症学会が主催する学術集会（地方会を含む）への参加を必須とする）したことが含まれている。このような更新制度は，ほぼ共通に見られるところである。専門医に継続的な研鑽を求めていることがわかる。

　認定の質の保証の方法　　民間団体による認定制度の中には，業界等が自主的に業界等の質の向上を図り信頼を確保するためのものも多い。他方，民間団体による各種の認定が存在するようになると，その質をどのように確保するかが課題となる。政府が規制に乗り出すことも考えられるが，民間団体による認定が社会的な問題を生じさせていると認識できない段階で規制に乗り出すことは難しい。

　公益法人による認定と並んで一般社団法人等による認定も多く，その場合には，実態が明らかでなく，認定を受けようとする者との間において「消費者問題」を生じさせることも懸念される。その意味において，行政法学や消費者法学は無関心ではいられない。

　さらに，一般社団法人が認定団体となっている場合において，実際の試験業務等を株式会社に委ねている場合もある。たとえば，一般社団法人日本メイクアップ技術検定協会の実施する資格認定の業務は，平成30年10月より株式会社日本メイクアップ技術検定協会（平成29年12月設立）が執行しているという。両者は，法人形態は異なるものの，同名であり，同じビルの同じ階にあり，同じ電話番号を用いている。この場合が当てはまるというわけではないが，一般社団法人や非営利活動法人が消費者等との関係における顔となって認定を受けることを奨励し，認定業務の中身は関係する営利法人が実施することがある。また，営利を目的としない法人の場合も，認定申請を受ける法人の役員の多くは，当該法人の顔として利用されているにすぎず，一部の役員が認定試験の受験者向けに実施される講習の講師として多額の報酬を得ることを助けている場合もあり得る。筆者の能力を超える問題であるので，報道記者やノンフィクション作家の方々の実態分析に期待したいところである。本書の検討対象ではないが，一般社団法人の中には，公益法人改革前から公益事業として認定事業を実施してきた社団法人で公益法人化を見送ったものと，改革後に新たに設立されたものとがあって，後者の場合に

は，前者に比べて実態を調べる必要が一層ありそうである。

　要するに，民間団体認定制度の果たす役割は，大きいのであるが，同時に隠れた問題もあり得ることを指摘しておきたい。

　第三者評価による質の保証　そこで，民間で質の保証をする認証機関を設ける動きがある。

　その一つの例として，公益財団法人薬剤師認定制度認証機構は，その名称のように，薬剤師に対する各種の生涯学習と認定制度を第三者評価する機関として設立されている。薬剤師認定制度委員会を設置して，薬剤師認定事業評価基準に従い，薬剤師認定制度の認証を行っている。評価基準には，事業母体の組織と運営に関する基準，事業計画と内容に関する基準，予算及び財源に関する基準，事務処理及び職員に関する基準が定められている。

　また，言葉の問題なのかもしれないが，公益財団法人日本適合性認定協会[4]は，マネジメントシステム認証機関の「認定」を実施している。同協会のウエブサイトによれば，マネジメントシステムとは，方針及び目標を定め，その目標を達成するために組織を適切に指揮・管理するための仕組みであり，製品やプロセスなどの特定の要求事項に適合していることを第三者（認証機関）が審査し証明することが「認証」であるという。そして，認証を行う機関が，能力，公平性，安全性などの規格に合っているかを審査し，公表することを「認定」と呼ぶという。適合性認定協会は，認証機関の認定を行い，認定された認証機関を，認証取得組織と区別して「適合組織」と呼んでいる。マネジメントシステムとして，品質，環境，食品安全，情報セキュリティ[5]，道路交通安全，労働安全衛生，アセットが挙げられている。

4）日本適合性認定協会の基本財産の主たる拠出団体は，各種業界の一般社団法人（33法人）及び任意団体（7団体）である。同協会の前身の団体は，日本工業標準調査会の答申に基づき，平成5年に経済団体連合会の主導の下に35の産業団体から基本財産の出捐を受けて設立された「財団法人日本品質システム審査登録認定協会」であった。協会は，国際標準化機構（ISO）の日本の代表標準化機関である日本工業標準調査会（JISC）とともに，機構の政策開発委員会の一つである適合性評価委員会の構成員として，国際規格の作成に関与している。
5）情報セキュリティマネジメントシステム認証機関の認定は，一般社団法人情報マネジメントシステム認定センターも実施している（本書83頁を参照）。

事項索引

事項索引